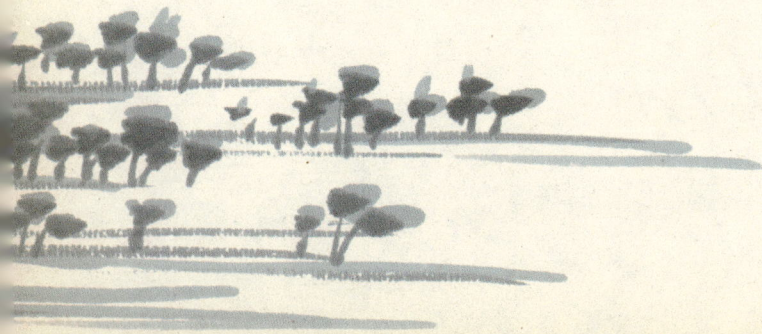

怎样爱科学

叶圣陶 著

丰子恺 图

人民文学出版社　天天出版社

图书在版编目（CIP）数据

怎样爱科学 / 叶圣陶著. — 北京：天天出版社, 2015.3
（大师教我学知识）
ISBN 978-7-5016-0939-0

Ⅰ. ①有… Ⅱ. ①叶… Ⅲ. ①科学知识—小学—
课外读物 Ⅳ. ①G624.63

中国版本图书馆CIP数据核字（2015）第023147号

责任编辑: 黄丽琴　　　　　　**美术编辑:** 林　蓓
责任印制: 李书森　康远超

地址: 北京市东城区东中街 42 号　　**邮编:** 100027
市场部: 010-64169902　　　**传真:** 010-64169902
http://www.tiantianpublishing.com
E-mail: tiantiancbs@163.com

印刷: 北京盛通印刷股份有限公司　　**经销:** 新华书店
开本: 710×1000　1/16　　　　　**印张:** 11
2015 年 4 月北京第 1 版　　　2015 年 4 月第 1 次印刷
字数: 120 千字　　　　　　　　**印数:** 1-10,300 册

ISBN　978-7-5016-0939-0　　　　**定价:** 25.00 元

出版说明

　　叶圣陶先生（1894—1988）是我国 20 世纪杰出的作家、教育家和出版家，他的一生跨越晚清、民国和新中国三个时期，从事教育、编辑和出版工作长达六十余年。他是我国近现代史上一些重大变革的"亲历者"和"参与者"，也是 20 世纪一系列重大教育出版活动的领导者、决策者和组织者，他为文学、语言、教育、出版等事业做了许多切实的工作。

　　叶先生 1912 年开始杏坛生涯，1930 年底在开明书店工作时开始编辑语文书籍和儿童故事书。由叶圣陶先生编撰的上海开明版国语读本，至今仍为很多人欣赏。在教学和编辑之余，叶先生还笔耕不辍，写下了大量儿童文学作品，深受小读者们的喜爱，影响了一代又一代孩子的成长。

　　凭借丰富的教学实践和写作经验，叶先生留下的《作文论》《语文随笔》等著作从多角度多侧面地介绍语文知识和写作技巧，通过实例讲述学习语文和写作的成功诀窍和失败的根源，无不体现出他深厚扎实的理论学养和亲切朴实的教学思想。

　　为了提高今天的小学生们的语文水平和动手

动脑的综合能力，提高孩子们对阅读的兴趣，培养孩子们的审美能力，我们经叶圣陶先生的后人授权，从叶先生的《作文论》《语文随笔》等经典著作中，选编出适合今天小读者阅读的部分内容，重新汇编成这套"大师教我学知识"。叶先生当年提出的问题，倡导的方法，解决的方案，都具有普遍性和针对性，时至今日，依然有着鲜明的现实意义和借鉴意义。

"大师教我学知识"首次推出四本，分别为《怎样学语文》《怎样写作文》《怎样爱科学》《怎样做数学游戏》，包括语文、作文、音乐、美术、运动，甚至玩具制作、模型制作等内容，实例安全便捷，语言通俗易懂。后面，我们还将继续推出夏丏尊、叶圣陶两位大家关于阅读和写作的经典著作。

这套书采用全彩印刷，除保留原有插图之外，在部分篇章中还重新插入了我国漫画大师丰子恺先生（1898—1975）的一些精美儿童漫画。丰子恺先生生前曾经多次为叶圣陶先生的著作配图。二人的合作珠联璧合，受到广泛赞誉。

编辑在审稿过程中，仅对原稿印刷上的某些错讹、不规范的字词和标点等进行了校正，其他皆保持原貌。

由于才疏学浅，难免会有疏漏，敬请方家指正。

目 录

蜜蜂

蜜　蜂

看！
这在花丛里
飞来飞去，
忙个不停的，
很像一个苍蝇。
不是苍蝇，
是蜜蜂。

针刺和毒囊

捉一个蜜蜂来看看：
当心些，
它腹部的末端
有刺针，
要刺人的。

两个小孩捉了蜜蜂视察

蜜蜂的腹部还有个毒囊，

毒囊里有毒液，用刺针刺人时，

就把毒液注射到人体的血液里去。

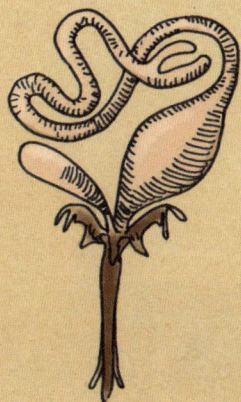

蜜蜂的毒囊和刺针

触角和口器

这是蜜蜂的头。

一对细丝样的东西，

叫作触角。

能够屈曲，能够伸直。

你试用手指去碰那触角，就可看见它的运动。

这是蜜蜂的口器。有两对颚，中间的一条是舌。它用颚来咀食物，用舌来舐食物。

蜜蜂的触角

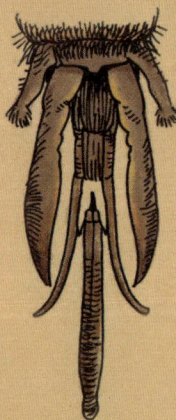

蜜蜂的嘴

眼

　　蜜蜂的眼睛在哪里？触角的两旁，有两个突起的东西，就是蜜蜂的大眼睛，叫作复眼。还有哩！在头顶上还有三只小眼睛，叫作单眼。远的东西，近的东西，蜜蜂都能看得见。

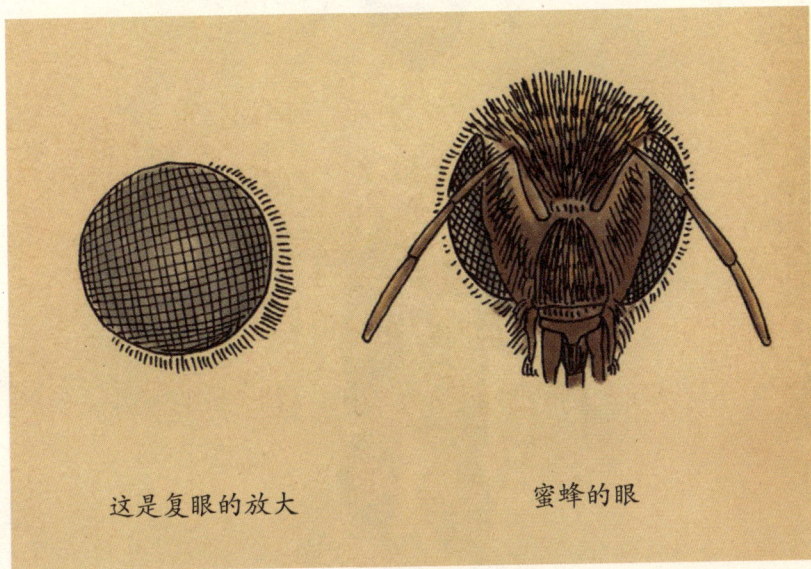

这是复眼的放大　　　　　　　蜜蜂的眼

胸 和 腹

　　这是蜜蜂的胸部，上面有两只大翅膀，还有两只小翅膀，下面有六只脚，脚上生着许多的毛。

5

蜜蜂的翅膀和脚

蜜蜂的脚

　　胸部的后面，就是腹部，是一个一个的环节拼成的。刺针便生在这腹部的末端。

6

花　粉

　　蜜蜂的身体上，怎么有许多黄粉？这是植物的花粉。蜜蜂在花丛里飞来飞去，身上便沾着许多花粉。

　　蜜蜂把这一朵花的粉带到别朵花上去，植物的花便会结出果实来。

采 蜜

蜜蜂飞到花丛里做什么事呢？有许多植物的花，颜色很美丽，气味很香烈，还有甜的蜜汁。

蜜蜂很喜欢吃这种蜜汁。它飞到花丛里，这朵花上停停，那朵花上停停，就是要吃花的蜜汁。

蜜蜂在花丛里采蜜的情形

蜜蜂窠

　　这是蜜蜂窠，是蜜蜂自己做成的。许多的蜜蜂，住在一个窠里，好像是一家人。

　　一个一个的小格子，好像一间一间的卧室，其实也好算蜜蜂的粮库。蜜蜂把吃剩的蜜藏在窠里，预备做冬天的食粮。

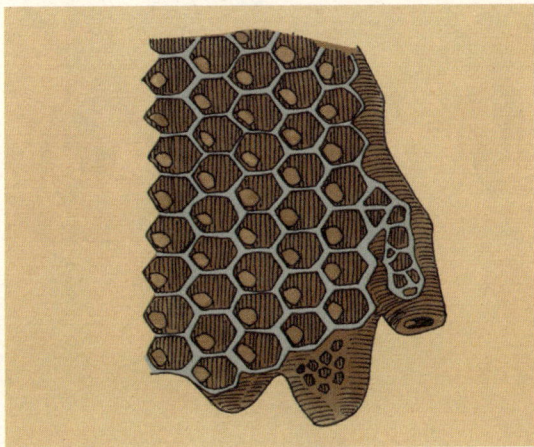

蜜蜂窠

雄蜂和雌蜂

　　一群的蜜蜂中，只有几个雄蜜蜂，一个很大的雌蜜蜂，其余的蜜蜂都叫作工蜂。

　　雄蜜蜂和雌蜜蜂，都不会采蜜，不会做蜜蜂窠。雌蜜蜂却会生产蜜蜂卵。

　　工蜂会采蜜，会做蜜蜂窠，却不会生产蜜蜂卵。

雌蜂　　　　　　　工蜂

雄蜂

变　态

　　蜜蜂卵里孵出蜜蜂蛆来了，工蜂便采蜜来，喂养它。过了几天，蜜蜂蛆变成只有脚没有翅的东西，叫作蜜蜂蛹。

10

　　再过几天，蜜蜂蛹变成了小蜜蜂，便飞出来了。

　　下面的图，就是蜜蜂的变态顺序：

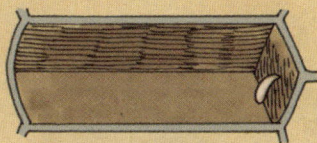

蜜蜂卵

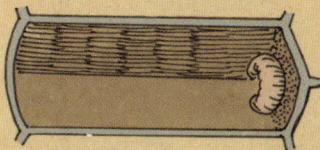

蜜蜂蛆

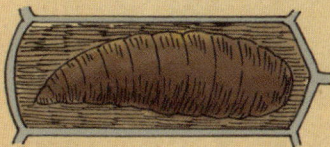

蜜蜂蛹

蜜蜂

11

蜂　蜜

　　蜜蜂酿成的蜜，叫作蜂蜜，味儿很甜。有的人养了许多蜜蜂，专门割取蜂蜜。

蚕

每年的春末，养蚕的人取出去年所收的蚕卵，把盐水洒在上面，这叫作"浴蚕"。蚕卵是蚕蛾生的，黏在纸上，密密地铺排着，不留空隙。初生的时候卵是黄色的，渐渐转绿，后来成为黑色；它比针尖大不了多少，分量很轻，一万颗只有一克重。每一只雌蛾能生卵七百多颗，生完卵它就死了。雄蛾交尾以后就被丢掉。雌蛾也有不生卵的。

蚕才孵化，细小得很，像黑丝的断屑，那时候桑叶要剪碎了喂的。渐渐长大起来，大约十天工夫，眠期到了。同在一起的蚕，眠期有早有晚，并不齐一。眠的时候不吃桑叶，也不行动，

经过四十八个钟头，就脱去了一层皮，重又活动起来，这是"头眠"。"头眠"以后十天，眠期又到了，这是"二眠"顺次到了"四眠"，那就快要吐丝结茧了。"四眠"的时候蚕身最长；过了"四眠"，反而缩短了，通体显得透明。蚕从初生到结茧，除了眠期，不停地吃着桑叶。过了四眠的蚕许多聚在一起，吃桑叶的声音刹，刹，刹，刹，好像一阵急雨落在芭蕉叶上。

蚕将要结茧的时候，养蚕的人把它们放到稻秆束上，这叫作"上山"。蚕就在那里吐丝结茧。结成了茧就化做蛹，自己耽在茧中。吐丝的时候，蚕昂起了头上下摇动，丝就从它的嘴

里出来，本来是两缕，离了嘴才合做一缕，围绕着蚕身，渐积渐厚，结果成为椭圆形的，稍微有点儿弹性的茧。起初吐出来的丝浮松地附着在茧的外面，这叫作"茧网"，是不能拿来缫丝的。茧白色的居多，间或有黄色的。也有两条蚕合结一个茧的，茧比寻常的大得多，中间有两个蛹。把蚕丝放到显微镜下面去看，就见两股东西互相纠缠着，像透亮的玻璃一般，因此知道本来是两缕，由蚕嘴里黏液的力量，才合做一缕的。丝质极细极轻，一千个茧的丝合在一起，只有四克多一点的生丝。

鲸

鲸是现存的最大的动物。它们生活在海洋里，有的身体长到三十多米。航海的人有时看见几丈高的烟水柱子从海面升起来，这就是有鲸在那里的标记。鲸游到海面呼吸空气，呼出的气遇到寒冷，就成为雾一样的烟水柱子。

因为鲸生活在海洋中，形态又很像一条鱼，从前的人叫它作"鲸鱼"，把它归在鱼类里头。其实它是兽类。它有好些特点和鱼类不同，最重要的有以下几点。第一，它是胎生的，幼鲸由母鲸哺乳；第二，它保持着一定的体温；第三，它用肺直接呼吸空气。

据生物学家说，很古很古的时候，鲸的祖先也是用四条腿步行的，后来在水里生活，两条前腿逐渐变成鱼鳍的形状；两条后腿竟消失了，在筋肉中可以看出还留着一些骨头痕迹。鲸的身体光滑极了，不长一根毛，在海里游得特别快。它的皮肤下面有很厚的脂肪层，可以保持体温。

鲸有许多种，有长牙齿的，也有不长牙齿的。有牙齿的吃大型的鱼，牙齿生在下颚，非常锋利，可能跟它们的祖先一个样。没有牙齿的鲸，上颚长着许多角质的东西，像梳子的齿那样排列着，被称作"鲸须"。它们专吃小形虾和鱼；先把海水和成群的小东西吞进嘴里，靠鲸须滤去海水，再把小东西咽下肚里。

母鲸哺乳它的孩子是非常有趣的。母鲸的身体后方生着两个乳房，有人类的拳头那么大。幼鲸咬住一个，只消吸一口，就吸足了一顿的分量；母子俩就分开了。陆上的动物，哺乳是

很费时间的；像母牛和母羊，乳头让小牛小羊含住了，只好等它们一口又一口吸饱了才完事。鲸生活在狂涛急浪里，要这样慢吞吞地哺乳是无论如何办不到的，所以习惯地采用了这样独特的方式。

大　雁

秋天，一群一群的大雁在天空飞过，发出清亮的叫声。大雁的家乡在遥远的北方。那儿秋天就飞雪，到了冬天，什么东西都给冰雪盖没了。太阳每天只露一下脸，立刻又落下去了。如果再往北去，到了北极，那儿足足有半个年头见不到太阳的面。这样寒冷，这样黑暗，大雁怎么能生活呢？所以到了秋天，它们就结队迁移，向南方飞来。

大雁的飞行队很有秩序，常常排成"人"字形，"之"字形，"一"字形，我国的诗人因而把它叫作"雁字"。大雁飞行的时候，由一只富有经验的统率着全队。停下来休息之前，先在空中盘

旋，侦察地面有没有危险。它们饥饿的时候，连麦苗和青草都吃。可是到底是水鸟，最喜欢在湖边和江滩上搜寻它们的食物。

到了春深时节，它们的家乡渐渐暖和起来，冰雪融化了。太阳每天照得很长久，只有三四小时黑夜。如果再往北去，就整整六个月，太阳老在天空中打转。因为阳光充足，草木很快地生长起来；各种虫豸也繁殖得很多。大雁从南方飞回去，用芦秆等东西做基础，放上枯叶和羽毛，做成了窠，就把卵生在窠里。母雁孵卵非常专心，除非十分饥饿，它决不肯离开一步。一个月之后，小雁出壳了，一出壳就能活泼地走动。母雁带领着它们到有水的地方去觅食。那儿虫豸既多，得食自然很容易，侵害大雁的动物很少，行动又极自由。大雁在这样安适的地方生活，真个其乐无比。可是，这样安适的地方不是常年不变的。过了夏天就是秋天，冰雪又要来管领这个地方了。因此，大雁必须每年一次离开故乡，到南方来避寒。

燕 子

　　燕子，如果拿在手里看，不是很漂亮的鸟。它飞行的时候却漂亮极了，那一对狭长的翅膀，那分叉的尾巴，都像由最高明的画家画出来的，没有一个姿势不美。

　　它有那样活泼的翅膀和尾巴，又有一对非常敏锐的眼睛，它的颈项短到几乎没有了，一张极大的嘴老是张开着，只等食物自己投进去。它就是这样飞着吃，飞着喝，飞着洗浴，飞着喂它的儿女。

　　虽不像鹰那样能从空中直扑下来，燕子飞行却更为自由。它能旋转，旋转，旋转不知多少个圈子，路线不停地变化。谁

要想捉住它，被它这样旋转又旋转，早就弄糊涂了，最后筋疲力尽了，只好放弃了它。然而它好像还没有一点疲倦。靠着这种无比的技术和能力，它很容易地猎取那些老是飞着的东西，像苍蝇、蚊子、甲虫和其他的昆虫。

燕子的脚极细小。如果停在什么地方，就得用细小的脚去抓住，把肚皮贴着那个地方。这是费力的事，而且很不自由；这种时候它还不如一只笨重的鸭子。所以它难得停下来。它和其他动物正相反；其他动物休息时停止了活动，唯有它，不停地飞才是它的休息。

燕子把它的窠做在高处，也为着飞起来方便。高处的窠是

最适当的出发点。它从那里像箭一般射出来，在广大的空中要怎样就怎样，何等自由，何等舒适。如果把窠做在低处，就没有这样方便了；因为要跳起来飞，在它是很难的。

绝了种的人

考古家发掘很深的地层，得到一副骸骨，不像现在的人，但确实是人的骸骨。骷髅同平常人一样大。脊骨又细又短，跟骷髅很不相称，好像一个萝卜拖着一条小尾巴。四肢的骨骼更细得不成样子，简直像四根很细的毛连在那小尾巴上，粗心一点儿就看不清。

这新发现轰动了所有的考古家，他们要知道这是一种什么人，这种人过怎样的生活，为什么会绝了种。你得相信，考古家真有那种本领，只须看到一块骨头，就能知道一种动物的生活和历史；何况现在全副的骸骨都摆在他们面前，一小节骨头

也不缺少。

经过了多时的研究，考古家把这种人的生活和历史完全弄明白了。这种人不是人类学上已经登记过的古代人，学名叽里咕噜怪难记的；这是另一种族，时代比人类学上已经登记过的古代人还要早几十万年。关于这种人生活的情形和绝种的经过，考古家有详细的学术报告书，印成专册在全世界发行。现在把报告书的大概讲一讲。

这种人的祖先并不是这般形象的，头颅，身体，四肢，都很相称，同现在的人差不多。他们各自凭劳力过活，或种田地，或制货品。因为大家这样做，生产出来的东西足够大家吃用。他们的身体都很强健，——身体强健全靠劳动，这虽然是小学教科书里常见的话，确实很有道理。

后来有一些人贪起懒来，仿佛觉得不花一丝力气，白吃白用，更为幸福。他们就这样做了。自己既不劳动，吃的用的当然是别人生产的。他们对着这种幸福的新生活，还有点儿不大宁帖：以前自己也劳动的时候，吃东西下咽很滑溜，现在却有点儿梗梗的了；以前享用一件东西，舒舒服服，称心适意，现在却像偷了人家的东西似的。这是羞惭的意念在那里透出芽来。怎么办呢？要去掉这一点儿不宁帖才好。这些人于是想出一个理由来为自己辩护，遏住那羞惭的芽。

理由是说他们劳了心；劳了心的就用不着劳力；劳心劳力，

两件之中劳了一件就成了。

特地想出来的为自己辩护的理由，往往越想越觉得对，犹如相信自己长得美的，越照镜子越觉得自己长得美。理由对，那么劳心岂不是一件很有价值的事，值得尊敬值得歌颂吗？他们便想出尊敬自己歌颂自己的种种方法来：譬如说，劳心得安安逸逸坐在宫殿里才成，不比劳力不妨冒着风霜雨雪，这是一；劳心是要写起方丈的大字刻在高山的石壁上的，不比劳力把力量用尽就完事，这是二；……

还有一种方法必得讲一讲。他们请教变戏法的替他们布置一种魔术的场面，布置停当了就开大会，让所有的人都来看。魔术开始了，轰然一声，五彩的火光耀得人眼睛昏眩，火光中仿佛有龙、凤、麒麟、驺虞等等禽兽在舞蹈。不知什么地方奏起音乐来，那些禽兽的舞蹈合着音乐的节拍。在中央，高高显

出那些劳心的人，似乎凌空的，并不倚着或者坐着什么东西。他们穿的衣服画着莫名其妙的花纹和色彩，质料不像普通的丝棉毛羽。他们的神色非常庄严，眼睛看着鼻子，一笑也不笑，像庙里的神像。不等众人看得清楚，又是轰然一声，火光全灭了。大家的鼻子前边拂过一阵浓烈的松脂气和硫磺气。但是大家不免这样想："他们劳心的人好像真有点儿特殊；不然怎么能高高地显现在中央，而且什么也不倚傍呢？"

自己尊敬自己歌颂的结果，羞惭的芽儿早就烂掉了，代替羞惭的是骄傲的粗干。"劳心的人和劳力的人应该分属于两个世界，比方说劳心的人在天上，那么劳力的人岂止在地下，简直在十八层地狱里。"那些骄傲的心这么想。劳心的人到底劳的什么心呢？一定有人要这样问。这里不妨大略讲一点。

有些人自信有特别的才能，会替天下人想各种的方法。比如有人问，做人应该怎么做？他们就回答，做人要一天到晚，一晚到天亮，一刻不停地劳动，直到临死，还得把这样的好榜样传给子孙。比如再问，应该崇拜什么样的人？他们就回答，最切实最可靠只有崇拜他们，因为他们是现成的摆在那里的伟大高尚的人物。他们代天下人想出来的许多意见往往写成书籍，流传后世，成为宝贵的经典。

有些人懂得数学，能够计算劳力的人生产出多少东西来；比如有三百十七升谷子，他们能算明白这就是三石一斗七升。

又懂得兑换的事情，一块大洋可以换几个小银元，一个小银元可以换几个铜子儿，他们弄得很清楚。计算和兑换的结果，他们家里谷子和银洋积得很多，人家称他们为富翁。

有些人编成一种戏文，分配停当角色，排练纯熟，预备喜庆祝贺的时候演唱；或者日子太空闲，生活太无聊，就敲起锣鼓来演唱。戏文里的故事往往是滑稽的，不是美丽的公主同小白兔结婚，便是穷书生梦里中了状元。看演戏文的自然也是劳心的人；他们劳心，才懂得那戏文的高妙。

也说不尽许多，总之这班劳心的人没有生产出一粒谷子来，没有生产出一个瓦罐来。他们取各种东西吃，取各种东西用，也不想想这些东西怎么生产出来的。

中间也有少数人专门帮助劳力的人想办法。他们或者研究

种植的道理，使本来收一升的得收一升半；或者研究制造的技巧，使本来粗陋的制品得以精良。但是他们自己从来不动手。倘使你要从他们那里得一点可以吃的可以用的东西，他们也只能给你一双空空的手。

劳力的人怎样呢？一部分人传染了贪懒的毛病，同时羡慕那体面显耀的劳心生活，也想加入劳心的一群。可是这时候不比以前了，不能够想怎样便怎样，要加入劳心的一群先得受一番训练。正好那些老牌的劳心的人开出许多学校来，专收羡慕劳心的人，教授劳心的功课。来学的学生塞满了每一间教室。他们个个明白，只待毕了业，那就堂而皇之是劳心的人了，他们的地位在上面的一个世界，有种种的安适和光荣。

每一个劳力的父亲送儿子进学校，对他这样祝祷："现在送你进学校，祝你永与劳力无缘！你将来是劳心的人，一切安适和光荣都属于你！你尽管白吃白用，快乐无穷！"

儿子自然笑嘻嘻地跳进学校，连吞带咽学习那些劳心的功课。有些因为异常用功，没到规定的年限就毕了业。毕业以后的情形完全合着父亲的祝祷，那是不待说的。

学校里学生越来越多，就是劳力的人越来越少。生产出来的东西渐渐不够大家吃用，这成为全种族的重大问题。

有什么方法增多生产的东西呢？

劳心的人到底劳惯了心，他们略微一想，方法就来了；

"这很容易，只须让劳力的人加倍劳力就行了。"

事情就照样做了。劳力的人加倍劳力，生产的东西也加一倍；虽然有许多白吃白用的人，还勉强足够分配。劳心的人于是开庆祝大会，庆祝他们的主张成功实现。那一天，单是葡萄酒一项就倒空了几千万桶，这酒当然是劳力的人酿的。

但是劳心的人还有一件未免懊丧的事。他们取历代祖先的照相来对比，发现一代比一代瘦弱。看看自己躯体，细得像一竿竹，四肢像枯死的树枝，只有头颅还同祖先一样，不曾打折扣；皮色是可怜的白，好像底层没有一丝儿血流过。生活虽安适而光荣，这样的瘦弱毕竟是大可忧虑的。

劳心的人当然明白这完全是太不劳力的缘故。他们想这样下去可不行，也得劳点儿力才好。于是他们做一种打球的游戏。打了二下走向前去，寻到那个球再打一下，再走向前去；这是全身的运动。但是他们不高兴自己带打球的棒，另外雇一些人给他们背袋子，把打球的棒插在袋子里。被雇的自然是劳力的人。

这种游戏成为一时的风尚。无数的田亩开辟作打球的场地。本来是种稻麦蔬菜的，现在铺着一碧如绒的嫩草。一组比赛者跟着另一组比赛者，脚步匀调而闲雅，像电影中特别慢的镜头。可爱的小白球在空中飞过，背打球棒的人追赶着小白球，看落在什么地方，弄得满头是汗。

有少数人眼光比较远一点儿，说这样不大好，与其打这无谓的球，何不径去耕一亩田，织一匹布。人要生活，总要吃要用，而各种东西总得由劳力生产。眼看情形很危险，劳力的人好像中了魔，大批大批地向劳心的群里钻，说不定会有一个也不剩的那一天，真个不堪设想。不如预先防备，每个劳心的人劳一点力，不论研究什么事情的，都兼做劳力的工作。

这个意见使全体劳心的人哄然发笑。

"谁愿意听这样没出息的意见！劳力的人尚且要拥进学校升为劳心的人，难道我们反而要降下去吗？在地上的人希望爬到席上；我们在天上，却自己跌到十八层地狱底里？我们没有那么傻。危机并不是没法排除的，方法很简单，教劳力的人再加倍劳力就是了。"

那些眼光比较远一点儿的人看到大家都不同意，而他们自己又本来没有真个去劳力的勇气，也就罢了。

打球的游戏太轻松了，并不能恢复劳心人的体格。他们摇摇摆摆在路上往来，像盂兰盆会中出现的那些纸糊的大头鬼——头颅实在并不大，因为肢体太小，显得特别大。

劳力的人挡不住加倍又加倍的重任，就连本来不想贪懒的人也只好投入劳心的学校，希望透一透气。

到最后一个劳力的人进了学校，这一种族就灭绝了。

他们是饿死的。

蛙的一生

蛙有几种

春天时候，到田野里去，时常听到"阁"、"阁"、"阁"的声音，大家都知道这是蛙在那里叫。

蛙的种类很多。一种叫青蛙，背部是青绿色的；一种叫金线蛙，背部有青色条纹的；一种叫虾蟆，背部是灰黑色的。我们常见的是青蛙。

青蛙的发育顺序很有趣。现在分项叙述在下面。

蛙的发育顺序怎样

一、卵子

蛙是"卵生动物"，从蛙卵里孵化出来的。春天时候，雌蛙在水田里产卵。所产的卵不是一粒一粒分开的，却是许多的卵子，聚合在一块，成功一块卵块。每一粒卵子的中心有一黑点，黑点的四周有一层胶质包围着。黑点发育起来，就靠这胶质做

奇怪的蝌蚪

养料。

二、蝌蚪

太阳光照射下来，卵子受到温热，便慢慢地发育，变成一种奇怪的东西，叫作蝌蚪。

蝌蚪是黑色的，前部很大，像一个圆球的样儿，后部生着一条扁的尾巴。在水里游来游去，很是好看。小朋友们因为蝌蚪的形状可爱，常常捉了蝌蚪，养在瓶子里玩。

三、蛙

从蝌蚪变成蛙，要经过许多日子。在靠近尾巴的地方，先生出一对脚来，叫作后脚。过了几天，前面又生出一对脚来，

蝌蚪生后脚了   又生了前脚

叫作前脚。这时候很像一只蛙了，只是还拖着一条大尾巴。

小朋友！你们想：拖着一条大尾巴的蛙，不是很好玩吗？但是再过几天，这一条大尾巴慢慢地消失了，却成功了一只完

全的蛙。

很像一只蛙了

怎样观察蛙的变化

你要仔细观察蛙的变化吗？你可预备一只玻璃缸，缸里盛了清水，然后到水田里去寻一块蛙的卵块来放在缸里。缸口用一个小网罩着。把这玻璃缸放在太阳光里晒，天天去看它变化的情形。

不过等到蛙卵变成蝌蚪以后，每天要拿些水藻和面包屑放在玻璃缸里，做它们的食料。

青蛙的形状怎样

一、眼睛和耳朵

青蛙的头，作三角形，头的两侧生着两只大眼睛，凸出在外面，可以看见四面的事物。眼睛的后面，生着两只耳朵。耳朵的形状很特别，没有高起的耳壳，听起声音来，却很灵敏。

这就是青蛙

二、口和舌

青蛙的口很阔大。口中有一个舌头，生得十分奇怪。普通

的动物，舌根都生在口腔里面，舌尖都伸在下颚近旁。青蛙的舌根却生在下颚的前端，舌尖反向咽喉。平常时候，舌尖向内，捕起虫来，突然翻出，很是便利。

三、声囊

雄蛙的喉头有瓣状的东西，能够发声，叫作发声器。口旁生着一对小囊，叫作声囊，是帮助发声的。不发声的时候，声囊是凹陷的。发声的时候，声囊就胀大起来，露出在外面。小朋友！你所听到的"阁"、"阁"、"阁"的声音，便是雄蛙在那里发声。

四、皮肤

青蛙的皮肤，又是很特别的。鸟类的皮肤生着羽，兽类的皮肤生着毛，鱼类的皮肤生着鳞，青蛙的皮肤什么都不生，赤裸裸地露出在外面。

青蛙的皮肤里有黏液腺，常常分泌出黏液来，所以青蛙的皮肤很滑润。

五、脚和趾

青蛙共有四只脚，两只前脚，两只后脚。前脚和后脚的形状是不一样的。前脚很短小，每一只脚有四个趾，捕捉小虫，非常便利。后脚长大，每只脚有五个趾，跳跃起来，非常便利。各趾间都有一层薄膜连着，叫作蹼。因为脚上有蹼，所以青蛙能在水中游泳。

青蛙的生活怎样

一、两栖

蝌蚪是在水里生活的。在水里找寻食物，在水里用鳃来呼吸。等到生了后脚，生了前脚，消失了尾巴，变成了青蛙，便在陆地上生活了。在陆地上找寻食物，在陆地上用肺来呼吸。

从蛙的发育上来看，有一段时期栖息在水里，有一段时期栖息在陆上，所以蛙是水陆两栖的动物。

二、鸣声

雄的青蛙，虽然会叫，但是并不是一天到晚叫个不停的。白天里它不常叫，从晚上到天明，便不停地叫了。

蛇吃蛙

还有在下雨的前后，以及正在下雨的时候，就是白天里，也会"阁"、"阁"、"阁"地叫起来。

三、害敌

蛇要吃青蛙的，所以蛇是蛙的害敌。

蛇常常藏在青草丛中，屈曲着身体，昂着头，等候青蛙跳过，便张开了嘴，伸出头来，把它衔住，吞到肚里去。

四、保护色

动物身上能够保护自己的颜色，叫作保护色。

青蛙的背部有青色的条纹，它藏匿在青草里，和青草的颜色差不多，害敌不容易看见它，它因此得以保全自己的身体。这就是它的保护色。

青蛙捉小虫

五、食料

青蛙在地上跳来跳去，做些什么事呢？它在那里找寻食料。

青蛙喜欢吃什么东西呢？田野的小虫，像蚊子、苍蝇以及害稻的螟蛾，它都喜欢吃的。

青蛙怎样捉住小虫的呢？倘使有小虫在青蛙面前飞过，青蛙便将后脚在地上用力一撑，跃身上前，张开阔口，舌头翻向外面，把小虫卷住。

青蛙卷到了小虫以后，不用牙齿来咀嚼的，只把口合拢，等小虫自己闷死。隔了一些时候，小虫死了，青蛙便把它咽到肚里去。

六、冬眠

青蛙是怕冷的动物，到了秋末冬初的时候，天气渐渐冷了，青蛙便躲在泥土里，不吃食料，也不活动，好像死的一般。这就叫作冬眠。到了明年春天，天气渐渐温暖起来，青蛙又可以活动了，便从泥里爬出来。

青蛙对于农田的关系怎样

青蛙吃掉的小虫，都是对于农田有害的。这种小虫，倘使没有青蛙吃掉它们，损害起农作物来，非常厉害。幸亏有青蛙住在水田里把它们吃掉，农作物才不致受到大害。所以青蛙对

于农田是有大功劳的。换一句话说，青蛙对于我们人类是有大功劳的。

应该保护青蛙

有许多人因为青蛙的肉非常鲜美，很喜欢捕青蛙来吃，这真是不应该的事情。小朋友！青蛙对于我们人类，既有很大的功劳，我们应该保护它，不应该杀死它。

家庭里的有害动物

绪　言

在我们家庭里，有几样可恶的东西，它们都是疾病的媒介，有的还要损坏器物。

哪几样东西，有这样的可恶呢？就是蚊、蝇、鼠。

蚊有一张尖利的嘴，叮到你的皮肤上，你的皮肤上就起了一个红块。有一种蚊子，你要是被它叮了，还要传染疟疾哩！蝇的脚很肮脏，它在污秽的地方停停，又在食物上停停，你想讨厌不讨厌？鼠更可恶，它要偷吃食物，咬坏衣服器具，还要

传布最可怕的鼠疫。现在把蚊、蝇、鼠的生活状况和驱除它们的方法分述在后面。

蚊的生活状况

蚊虫有雌的，有雄的。雄的蚊虫，住在青草里，欢喜吸青草的液汁，雌的蚊虫，欢喜吸人畜的血。我们的皮肤被蚊虫叮过以后，便起红色的小块，这因为蚊嘴叮皮肤的时候，有一种毒液分泌出来，使血液凝结的缘故。在白天里，雌蚊和雄蚊都藏匿在我们看不见的地方。

到了晚上，雌蚊飞出来叮人，吸取人身的血。

你们曾仔细观察过蚊虫吗？它的头部有一张尖利的嘴，就

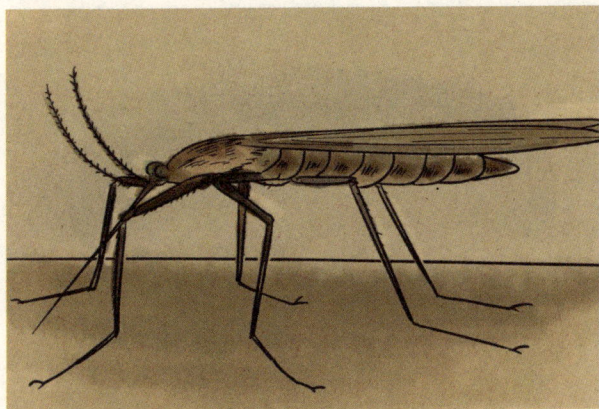

静止时的常蚊

43

是用来叮人的。胸部下面有六只脚,胸部上面有两只翅膀。蚊虫本来有四只翅膀,但是在后面的两只翅膀,现在已经改变形状,成为两根细棍。

普通的蚊虫,静止的时候,身体平放着,不斜竖起来的,请看上面的图。

蚊的发育经过

雌的蚊虫,在污秽的水里,生产卵子。每次生产的卵子约二三百粒,合并成一块,叫作卵块。卵块浮在水面,受到太阳的光热,经过二十四小时以后,就会变做幼虫了。

幼虫叫作孑孓,行动很活泼,一会儿游到水面,把尾巴露

蚊的卵块

出水面吸取空气，一会儿又游到水底去了。

子孑的行动很好看，身体左右屈曲着，成 S 的样儿。大约经过二十天左右，子孑就变做蛹了。

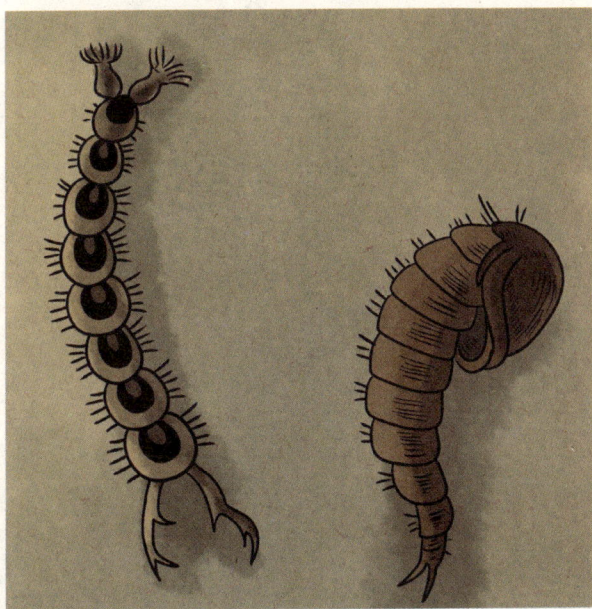

子孑

再经过五六天，蛹已经成熟，从蛹的背部起，蜕掉一层外皮，蚊虫就展开双翅飞出来了。

疟蚊的生活

在夏天或是秋天时候，我们很容易生一种病，起初是发冷，身体簌簌地抖个不住，后来是发热，直到汗流浃背才罢。有每天这样发作一次的，也有隔一天这样发作一次的。这种病叫作疟疾。

疟疾由一种疟蚊传染的。疟蚊和普通的蚊虫不同，普通的蚊虫不会传染疟疾。

疟蚊的身体是灰褐色的，静止的时候，把身体倒竖起来，和普通的蚊虫，很容易区别。

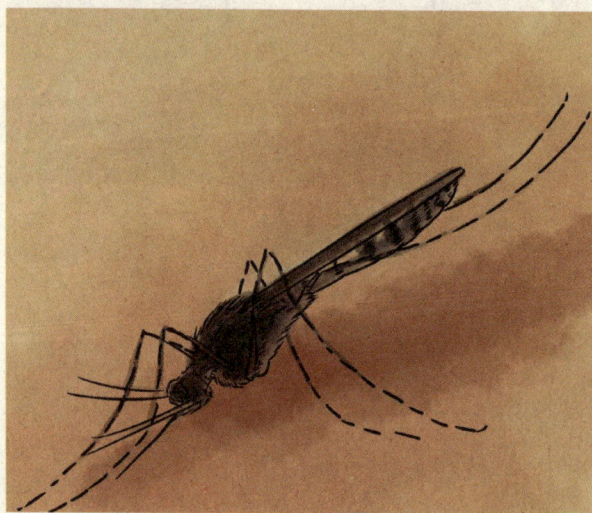

静止时的疟蚊

疟蚊的腹内有两条毒腺，和唾腺相通。毒腺里含有疟疾胞子虫，是从患疟疾的人身上吸来的。疟蚊叮人的时候，就把这种疟疾胞子虫注到血里去。我们的血内有了疟疾胞子虫，就要患疟疾了。

驱蚊方法

不论是普通的蚊虫或是疟蚊，对于我们的生活上，都有妨害，所以我们该设法驱除它们。

一、驱除幼虫和蛹的方法

幼虫和蛹都是生活在污水内的，所以我们要把污水排去，使它们不能存留；或用煤油浇在水面上，待幼虫到水面来呼吸时，气管被煤油封住，不能呼吸，因而闷死。

二、驱除蚊虫的方法

1. 把园中的杂草完全除掉，使蚊虫无从栖息。

2. 扫除房屋使十分干净。

3. 尽力扑杀。

4. 取松节油少许放在盆内，蚊虫嗅到了这种气味，便不敢飞来了。

5. 晚上燃烧烟草或是除虫菊的花，蚊虫便不敢飞来。

蝇的生活状况

蝇自己是很喜欢清洁的。这一句话，恐怕你们要不相信吧。但是你们去仔细观察一下，就知道这句话是对的。蝇不论停在什么地方，常常把脚当作毛刷用，最先是脚和脚摩擦，后来又用脚擦自己的背部、胸部，以及两只翅膀，那种活动的姿态非常好看。

这样说来，蝇的身上是非常干净的了，却又不对，它是很喜欢在肮脏地方过活的，假如地上有些痰沫，它便要去舐。因为它脚上有毛的，痰沫便沾染在它脚上。我们的食物，它也要来舐的，于是它脚上沾染着的痰沫，便沾染到食物上。这些痰沫若是一个有肺病的人吐出来的，我们的食物上，便有了肺病的细菌。我们把那食物吃下去，体内便有了肺病的细菌。

凡是动物的尸体上、腐败的食物上、厕所里、垃圾堆里，蝇都要去栖息的，你想蝇的脚是多么肮脏！

蝇的发育经过

大概在四五月里，雌蝇生产卵子。蝇的卵子只须经过一天左右，便会变做白色的蛆，这就是幼虫。在粪便里，在腐败的食物里，我们随时可以看见蛆。过了三四天，便变做蛹。

蛹起初是黄色的，后来变成黑色。过了三四天，便变成成虫，完全的一个蝇，从蛹壳里爬出来了。

蝇

蝇从蛹壳里爬出来以后，只须经过十多天就会生产卵子了。小朋友试想，蝇的繁殖这样地快，可怕不可怕？

蝇的头部有两只大眼睛，叫作复眼。在两只大眼睛的中间，还有三只小眼睛，叫作单眼。胸部的背上面有两只翅膀。它本来有四只翅膀，后面的两只也已经改变形状，成为两根细棍了，胸部的下面有六只脚，脚上都有毛，肮脏的东西都沾染在毛上。

驱蝇方法

蝇真是一样讨厌的东西，它的身上太肮脏了，我们居住的地方，倘使果壳满地，垃圾不扫，苍蝇便成群地飞拢来，嗡嗡地闹个不停。倘使把居住的地方收拾得干干净净，苍蝇便绝迹了。就是有一两个苍蝇从别处飞来，也容易驱除。现在把驱除苍蝇的方法，叙述在下面，请小朋友照着去做！

一、用绿色铁纱一方，装上一个竹柄，做成一个蝇拍。看见苍蝇，就用这苍蝇拍把它拍死。倘使没有绿色的铁纱，可取一片竹爿，把上端的五寸劈成细丝，编成一排，也可以拿来拍死苍蝇。

二、用一种捕蝇纸放在桌上，苍蝇停到捕蝇纸上，脚被胶住了，便不能逃走。

三、门窗上面遮一层绿色铁纱，使苍蝇不能飞进来。

鼠的生活状况

老鼠欢喜住在洞里，和堆积着许多东西的地方，晚间跑出洞来，找寻食物，或是衔些破布破纸到洞里去做它的巢。

老鼠很聪明机警，当它跑出洞来找寻食物的时候，倘使有些响声，它便很快地逃回洞里去。万一被捉住了，它会立刻装做假死，一动也不动地睡在地上。你用脚去踢它，它同真的死

老鼠

鼠一样，任你踢来踢去。隔了一会，乘人不备，便突然地逃走了。

不论什么东西，老鼠都欢喜吃，厨房里的食物，它要偷吃的，糕饼点心，它要偷吃的，就是死动物的肉和痰沫粪便，它也要偷吃的。

老鼠的门牙生长得很快，倘使任它生长，不到几天，便撑住在唇上，不便吃东西，老鼠常常出来咬坏器物，便是要磨短它的门牙。

老鼠的害处

老鼠对于我们的害处很大，约略说起来有三点：

第一点是偷吃食物。有老鼠的地方，随便什么食物，都要

好好地藏起来，或是放在罐里，或是放在橱里，否则老鼠便要来偷吃了。

第二点是咬坏衣服和器具。有老鼠的地方，折好的衣服以及一切杂用器具，它都要来咬坏的。这真是讨厌的事情。

第三点是传染疾病。这是最大的害处，老鼠身上有一种虱，我们就叫它鼠虱。鼠虱咬了我们的皮肤，就有一种病菌传染到我们的血里去，我们的体温，突然升高，就患起病来，这种病叫作鼠疫，很不容易医治，大约经过一二天便死亡了。而且这种病传染极快，在极短的时期内，可以蔓延开去，使大多数的人都患这种病。小朋友试想：可怕不可怕？

驱鼠方法

驱除老鼠的方法有下列三种：

一、捕杀法，猫是会捉老鼠的，它看见老鼠，便要去捕杀它，所以家中养着一二头猫，鼠害就可减少。

二、诱杀法，备一个捕鼠笼，中间放些食物，老鼠来偷吃食物，触动弹簧，便被关在里面。

三、药杀法，把毒物拌在糕饼里，让老鼠吃了，中毒而死。

除了这三法以外，还要注意房屋的清洁和房屋的构造，使老鼠没有栖息的地方才好。

各种声音

各种的声音引起我们各种的情趣，各种的想象。

早上醒来，眼睛还没有张开，听见碎乱的一片小鸟声，就知道明亮的阳光在等着我们了。傍晚的时候，听见乌鸦一阵阵地呼噪，就知道人家的烟囱里要冒出炊烟来了。

鸭儿成群游泳，呷呷地叫着，使我们想来江南的春景。鹰儿在蔚蓝的天空中盘旋，徐徐地发出尖锐的鸣声，使我们想起北方的清秋。

夏天，树枝一动不动，送出一片的蝉声来，我们只觉得很寂静。秋天的夜里，围绕屋子都是秋虫的声音，我们也觉得很寂静。同样地寂静却又有不同：蝉声带着热味，而秋虫声带着凉意。

人家聚集的地方也就聚集着鸡和狗，所以一听见鸡啼狗叫，我们便感觉来到了乡间的村落。我们到动物园里去，听见了狮子一声吼叫，即使旁边有着许多游客，总好像独自留在深山荒野里了。

水声是很有趣味的。小溪好像一个人在那里轻轻地弹琴，瀑布好像许多人在那里不断地打鼓，弹琴固然寂静，打鼓也不觉得喧闹。大江大海的声音却像山崩地陷，带着一种惊天动地的气势，我们听着只觉得自己的渺小，连口气都不敢出了。

　　走进都市里，到处能听见人为的声音。火车和汽船呜呜地响着汽笛，各种车辆发出各种的声音，有些店家奏着招引买客的音乐，有些店家开着无线电收音机。如果走近工厂，就听见机器运转的声响，很有规律，显示着巨大的力量。这些都是人类文化的声音，情趣和前面说的那些声音自不相同。

　　各种的声音引起我们各种的情趣，各种的想象。

夏天的雨后

　　逢到夏天，我们都欢迎下雨。只等雨点一停，我们就跑到院子里去，或者外面的低洼处去。刚下的雨水并不凉，赤着脚踏在里边，皮肤上会有一种快感。彼此高兴地践踏着，你溅了我一身，我溅了你一脸。偶然失脚滑倒了，沾了满身的泥，引得旁人一阵哄笑。然而很少因此退缩的，更没有人哭了，多数是越跌越起劲，甚至故意滑倒惹旁人笑。

　　拾蝉、捉青蛙也是雨后有味的事情。蝉经了雨，被冲到地上，伏在草丛里不能飞，很容易拾到。拾了几只回来，放在篾丝笼里，可以随时听它们叫。青蛙平时难得到岸上来，雨后大概因

为快活的缘故，多数蹲在草丛中阁阁地叫着。它们非常机警，跳跃也极灵活，一听见声响就急忙跳进水里。得轻轻地走近去，眼快手准，出其不意地把它抓住。有时脚踏不稳，被苔滑倒，沾了一身泥水；等爬起来，青蛙早就溜走了。

雨后钓鱼，那就更有趣了。镜子一样平的河水澄清碧绿，有时起一些细碎的波纹。杨柳的枝条倒挂下来拂着河面，点点的水珠时时从树上落下。鸟儿唱着轻快的歌。水草散出一种清爽的气息。我们一面下钓，一面玩赏这种画境，快活得说不出来。我们对于钓鱼并不在行。有时看见浮子动了，急忙提起，却一无所有。有时提起得迟了，被鱼儿白吃了饵去。有时鱼儿已经上了钩，却因提起的方法不对，重又落在河里。然而有时也会钓到很大的鱼，我们就唱着喊着跑回家。

此外还可以采菌。那就非在久雨之后不可了，因为菌类要经过多日的阴雨，才会长出来。每逢久雨初停，村里常常有许多人到野外去采菌。于是我们也戴着草帽，提着竹篮，高高兴兴地跑到田里。不多一会儿工夫，就采满了一篮。回家来炒着吃，或者做汤、下面，味道都是很好的。所以每逢连着下雨，我们就知道有一顿很好的午餐或者晚餐在等着我们了。

爬山虎的脚

学校操场北边墙上满是爬山虎。我家也有爬山虎，从小院的西墙爬上去，在房顶上占了一大片地方。

爬山虎刚长出来的叶子是嫩红色。不几天叶子长大，就变成嫩绿色。爬山虎在十月以前老是长茎长叶子。新叶子很小，嫩红色不几天就变绿，不大引人注意。引人注意的是长大的叶子。那些叶子绿得那么新鲜，看着非常舒服。那些叶子铺在墙上那么均匀，没有重叠起来的，也不留一点儿空隙。叶尖儿一顺儿朝下，齐齐整整的，一阵风拂过，一墙的叶子就漾起波纹，好看得很。

　　以前我只知道这种植物叫爬山虎，可不知道它怎么能爬。今年我注意了，原来爬山虎是有脚的。植物学上大概有另外的名字。动物才有脚，植物怎么会长脚呢？可是用处跟脚一个样，管它叫脚想也无妨。

　　爬山虎的脚长在茎上。茎上长叶柄儿的地方，反面伸出枝状的六七根细丝，每根细丝头上长个小圆球儿。细丝和小圆球儿跟新叶子一样，也是嫩红色。这就是爬山虎的脚。

爬山虎的脚触着墙的时候，小圆球就成了一个小吸盘。六七个圆圆的小吸盘就巴住了墙，枝状的细丝原先是直的，现在弯曲了；把爬山虎的嫩茎拉一把，使它紧贴在墙上。爬山虎就这样一脚一脚地往上爬。如果你仔细看那些细小的脚，你会想起图画上蛟龙的爪子。

爬山虎的脚要是没触着墙，不几天就萎了，后来连痕迹也没有了。触着墙的，细丝和小吸盘逐渐变成灰色。不要瞧不起那些灰色的脚，那些脚巴在墙上相当牢固，要是你的手指不费一点儿劲儿，休想拉下爬山虎的一根茎。

四季的好花

花的好处

花是人的好朋友。花的颜色和花的香气，都可以使人感到一种兴趣。人在不高兴的时候，看到花的颜色，闻到花的香气，也许就会高兴起来了。所以人都爱花，都喜欢种花。

可爱的花

大多数草木都有开花的时候，但是各种草木的花，并不都是可爱的。

稻、麦、松、柏等花，颜色既不好看，香气也不好，所以注意的人很少；兰、菊、桃、李等花，颜色美丽，香气又好，没有一个人不爱它们的。

开出花来很可爱的草木，普通叫作花卉。

花卉的种类很多，四季都有。

春、夏两季的好花较多，有梅花、碧桃、春兰、蔷薇、牡丹、芍药、杜鹃、百合、莲花等。

秋、冬两季的好花较少，有牵牛、凤仙、秋葵、芙蓉、木槿、菊花、水仙、蜡梅等。

春　兰

春兰的花，香气很浓。人家都把它种在盆内，供在室中观赏。

它的根又长又肥，茎极短，叶细长，丛生在茎上。春初开花，花分六瓣，形状大小不同，其中一片扁阔卷曲，叫作唇瓣。唇瓣白色的品种最好。

种春兰，须用粗松的泥土。因为它的根很肥，容易引蚂蚁来，应该设法预防。盆要放在阳光多的地方，切忌风吹雨打。叶间有了蛛网，要立刻除去。

春兰

63

碧　桃

碧桃花，俗名千叶桃花，专供观赏，不能结桃子。

碧桃花的颜色，有红的，有白的，也有红白相间的。花瓣很多，大致是每五片排成一轮。大部分花瓣是由花蕊变成的，所以花蕊很少了。

种法是：用单叶花的桃树作砧木，把碧桃的枝条接在上面。

若用红花的碧桃和白花的碧桃相接成长以后，便能开红白相间的碧桃花。

碧桃花

牡　丹

牡丹是我们中国特有的名花，又大又艳丽，称为花王，别名富贵花。

夏初开花，各种颜色都有，黄色的和紫色的最名贵。

种时，在盆底埋明矾数小块，便能开青色花、紫色花或青紫色的花。在根下放些白术末，开的花便有金色花纹，叫作金边牡丹。要是在初开的白牡丹花上，涂上矾水，染了黄色，便成黄牡丹；再涂一次矾水，黄色便不会褪落。

牡丹

莲　花

莲花又称荷花，生在水中。形状很大，花瓣很多，颜色有红有白，又有清香。

莲叶展开成圆形，好像一把小伞。它的茎，横在水底泥里，就是藕。

种法：是在缸底铺满田泥，用脚踏实后，铺上一层河泥，由它日晒夜露。秋分时候，把藕秧排在泥里，再盖一层河泥，等晒得开了坼，然后注水满缸。以后常常加水，渐渐有莲叶透出水面，到夏天就会开莲花了。

莲花和荷叶

69

木　樨

　　木樨就是桂花。树高六七尺，叶成椭圆形，边上有浅锯齿。秋季开花，花很小，开在叶腋里。花瓣上部分成四片，下部合在一起。颜色有深黄、淡黄和黄赤色三种。深黄色的叫金桂，淡黄色的叫银桂，黄赤色的叫丹桂。

　　种法：在春季，把柔软的枝条攀倒，压在泥里。生根以后略加肥料，就会很快地生长。明年春季，把它切断了，移种在别处。这叫作压条法。

木樨花

71

菊　花

菊花有清香，颜色很美，黄、白、红、紫，各色都有。

一朵菊花，实在是许多花合成的。花瓣的形状，有的像针，有的像管，有的像丝，有的像爪，因此菊花的种类极繁。

花谢后，根在泥土里仍旧活着，到明年春季，再生新苗。剪取健全的新苗，插在细土中，浇水加肥料，等它生了根，然后分种在盆内。这叫作扦插法。

各种菊花

蜡 梅

蜡梅花的香气和形状，很像梅花，但是和梅花并非同类。

蜡梅树高五六尺，叶成卵形。冬季开花，花瓣好像是用蜡制成的，外面是黄色，里面带紫色，含有毒质。花小香淡的，叫作狗蝇梅，是劣种；香气浓的，叫作檀香梅，是佳种。花谢后，能结果实。

种法：有的用果实在秋季下种；有的把劣种的狗蝇梅，和佳种的檀香梅接枝后，再行分栽。

74

蜡梅

水　仙

　　水仙多用水盆培养。盆中填置小石子，常常加水，不使干涸，便能生活。但盛水不宜太多，否则要发生叶盛花瘦的弊病。

　　水仙的根像须。茎很短，包在许多阔大的鳞片内。茎上生叶，叶形狭长。叶丛中抽出花梗，上端开花。

　　水仙花的颜色，有黄、白、红三种，白色的最普通。又有千叶单叶的分别。单叶水仙花，花瓣分为六片，中央有一个黄色的杯状物，叫作副冠，里面包含花蕊。

水仙

花卉的栽培

　　花卉大致可以分为木本花、草本花两种。碧桃、牡丹、木槿、蜡梅是木本花；春兰、莲花、菊花、水仙是草本花。

　　花卉的栽培，通常有园栽和盆栽两种方法，大致木本花多用园栽法，草本花多用盆栽法。

种草棉

选土质

泥土的性质，不完全是一样的。有一种泥土，叫作黏土，质地很黏柔，容易积水；有一种泥土，叫作沙土，砂粒很多，没有黏性，容易泄水；有一种泥土，叫作壤土，没有黏土样的黏柔，也没有沙土样的疏松。普通的植物，大多种在壤土里最好。

容易积水的黏土，不宜种棉，因为棉的根要腐败的。容易泄水的沙土，也不宜种棉，因为棉的叶要枯萎的。壤土里虽然可以种棉，但是壤土也不是种棉最好的泥土。有一种泥土，沙

质比壤土稍多一些，这叫作沙质壤土。种棉在沙质壤土里，最是相宜。

选 棉 种

棉种的好坏，对于棉的收量，棉的品质，很有关系，所以在种棉以前，先要选择棉种。

棉的种类很多，大概分别起来，有美国棉和中国棉两种。美国棉的品质，比中国棉好。中国棉中也有许多种类，收量最多，品质最好的是鸡脚棉。因为它的叶子，很像一只鸡脚，所以叫作鸡脚棉。

在棉花结果的时候，到棉田里去拣选肥大的果实，扎一方布条做记号。等到果实成熟以后，把这些果实采下来，除去外面的棉絮，剩余的核，留作种子。

明年把这种子种了下去，等到结果后，还是这样选择种子，年年这样地选择种子，便可得到很好的棉种。

整 地

春天三四月的时候，农家都忙着种草棉了。种草棉的手续，第一步是整地。农夫拿了锄头，把坚实的泥土翻松，这就是整地。

农民用锄在田地里耕锄、做畦

泥土翻松以后，就把它做成长方形的畦。这是预备下棉子用的。

加 肥 料

第二步手续是加肥料。

在没有下棉子的时候，泥土里先要加好肥料。每一条畦隔开一尺左右，用锄头开一条深沟，肥料就加在这深沟里面。

农家都拿猪窝灰和烂草做肥料，堆到深沟里去。肥料上面须盖一层细泥，才可以把棉子种下去。

下 种 子

第三步手续是下种子。先把棉花的种子浸在水里，隔了一些时候捞起来，拌上些稻柴灰，就可以种到泥里去了。

下种子的方法有三种：

一种叫作散播法。是把棉种乱撒到泥里去，没有什么行列的。撒满了全田就算了。普通的农家，下棉种的方法，都是散播的。

一种叫作点播法。是在棉田上开了小穴，把棉子放在小穴里的。一种叫作条播法，是在畦上开了深沟，加了肥料，盖了泥土，沿着深沟把种子一粒一粒地播下去的。

这三种方法，比较起来，用条播法最好。

因为用散播法下的种子，不但是没有行列，后日的除草和培土，都不便利，并且疏密不匀，棉的发育，决不会整齐的。

用点播法下的种子，行列是整齐的，后日的除草和培土也很容易，只是下种时的手术较繁，地积也不很经济，是一个缺点。

用条播法下的种子，行列既整齐，后日的除草培土很便利，下种时的手术又是简便，所以是最好的方法。

棉

棉的发育

下种以后隔不到多少天，种子便渐渐地发芽，生出枝叶来了。

草棉的根生在地下。中间一条根最粗，在这粗根的四周，生着许多的细根。

草棉的茎生在地上，有三四尺高。在这茎的侧面生着许多的小枝。

草棉的叶子，颜色是绿的，形状和普通植物的叶子不同，每一张叶子可以分成三部分，一部分叫叶柄，一部分叫托叶，一部分叫叶片。叶柄生在小枝的侧面，叶柄的下端有两片很小的叶子，就是托叶。叶片生在叶柄的上端，不是圆圆的一片，是分叉的，有的分成三叉，有的分成五叉。

除　草

关于棉田管理上，有五件事情须要注意。第一件要注意的是除草。

棉田里有了杂草，假使不把它除掉，泥里的养分，被杂草吸收去了，草棉的生长便不会旺盛。

棉子发芽以后，就要注意除草了。农夫们时常掮了锄头，到棉田里去，就是去除草的，在除草的时候，很要留心，不要

伤了棉株。

削　株

第二件要注意的是削株。

下棉子的时候，倘使下得疏密不匀，生长出来的棉株也就疏密不匀。那过密的地方，棉株因为得不到充足的养分和阳光，生长起来，一定非常衰弱的，衰弱的棉株结果不多，留着它也没有什么用，须酌量把它除去，这就叫削株。

培　土

第三件要注意的是培土。

拿一把锄头，弄松畦上的土块，把弄松的土块堆到棉株的根旁，使棉的根部生长得强固一些，这就叫作培土。

为什么要培土呢？因为棉株一天一天地生长，地下的根部会慢慢地松动的，根部松动以后，很容易受到风害，并且吸收养分也不便利，所以每隔十多天要培土一次。

加 肥 料

第四件要注意的是加肥料。

在下种以前曾加过一次肥料，这是预备棉子发芽后吸收的。棉苗生长得快要生蕾开花的时候，需要很多的养分，便须再加些肥料下去。

凡是需要叶片肥大的农作物，要多用人粪尿做肥料，种棉花是要采收果实，不宜多用人粪尿，普遍多用草木灰拌到泥里去。

摘 头

第五件要注意的是摘头。

草棉的茎生长得过分高了，不会开很多的花，也就不会结很多的果。结果不多，产棉的分量当然少了。我们要产棉的分量多，一定要在棉株生长到二尺多高的时候，把茎的顶端摘去一二寸。这就叫摘头。

摘头以后，茎部不再向上生长，旁边的枝条却多了，这就可以开很多的花，结很多的果，产棉的分量当然多了。

花的形状

　　大概在六七月的时候，棉株上开花了。小朋友！我讲到棉的花，你们一定会想到这是白色的，外面有一丝一丝的纤维，中间有一粒一粒的种子。错了，错了，这不是棉的花，棉的花不是这个样儿的，普通人都把它叫作棉花的，其实是绽开的棉果。

　　草棉的花共有五片花瓣。拼合拢来，好像喇叭一样，花瓣

棉的花

87

的颜色，普通是黄的，下部有黄色或是紫色的斑点，很是美丽。花瓣中间有一丛黄色的东西，你把指头触着这黄色的东西，便有一种黄粉黏在你的指头上，这黄色的东西，叫作雄蕊。黄粉就是雄蕊的花粉。一丛雄蕊中间还有一个雌蕊。棉的花因为有雄蕊和雌蕊，所以会结成棉的果。

果的形状

大概在八月以后，棉花的花瓣凋谢了，结成一个果子，叫作蒴果。颜色是绿的，很像没有成熟的桃子。不过桃子是没有细棱的，蒴果是有棱的。有的蒴果有三条细棱，有的蒴果有四条细棱。有三条细棱的里面便分做三房，有四条细棱的里面便分做四房。

到颜色转成微黑的时候，蒴果已经成熟了，绽裂开来，显出里面白色的东西，一丝一丝的纤维包着一粒一粒的种子，这叫作棉，便是我们通常叫作棉花的。

种棉花的目的，就是要收采这种棉，因为棉有很大的用途。

棉的果

采　棉

　　草棉成熟的时候，棉田里非常好看，一朵一朵的白棉，好像满地的雪花。

　　农夫们身上束了布袋，弯着腰，在棉田里忙着采棉。

　　一株棉上有许多的蒴果，这许多的蒴果，不是同时成熟的，所以今天采了一回，隔二三天又可以采第二回了。

采棉

棉的用途

草棉的用途可以分三方面说。

一是棉的用途；二是种子的用途；三是棉茎的用途。

一、棉的用途　把棉轧去了种子以后，可以弹成棉絮，纺成棉纱，织成棉布，做成棉布衣服。

二、种子的用途　棉的种子可以榨出棉油来，榨剩的渣滓可以做成棉饼。

三、棉茎的用途　棉的茎可以做燃料。

织　布

用棉做成棉布，要经过许多手续。

第一步手续是轧去种子。有一种机械叫作搅车，把棉放到搅车中轧去种子，留下的全是白色的纤维，这叫作棉英。

第二步手续是把棉英弹松。有一种机械叫作弹弓，弹弓上扣着很坚韧的弓弦，把棉英放在弓弦下面，用一个木槌打着弓弦，棉英受了振动，便渐渐松开来，这叫作棉絮。

第三步手续是把棉絮搓成棉条。把弹松的棉絮摊开来，左手拿了一根细棒，放在棉絮中，右手拿一块平滑的木板压在细棒上，用力搓成长条，这叫作棉条。

第四步手续是把棉条纺成棉纱，把棉条移到纺车上去纺，抽出一缕一缕的丝来，便是棉纱。

第五步手续是把棉纱织成棉布。有一种机械叫作织布机。把棉纱涂上糨糊，放到经车上去整理，整理好了，卷在轴上，放到织布机上去用梭子来慢慢地织成棉布。

我们有许多衣服，是用棉布做的。棉布可以做单衣，可以做夹衣，把棉絮铺在两层衣料的中间，就成功棉衣。

棉布质料非常坚固，用来做衣服，可以经久不坏。

榨　油

先把棉的种子放在锅子里炒干，再放在研槽里研成粉屑，把这粉屑放到压榨器里压榨，便有一种淡黄色液体从压榨器里流出来，这就是棉油。

棉油的品质，有好的，有不好的。好的棉油，可以供食用。有许多地方的人用棉油来煎煮食物。不好的棉油，可以充灯油。

棉的种子榨去了棉油以后，剩下来的渣滓可以做棉饼。

棉饼的用途有二种：一种是做饲料，一种是做肥料。把棉饼喂给家畜吃，家畜很容易肥大，所以农家喜欢拿棉饼喂给家畜吃。把棉饼加到田里去，效果也很大，所以农家又喜欢棉饼做肥料。

我国的棉

棉是我国的重要农作物。产棉最多的地方在长江附近一带。江苏、湖南、湖北、安徽、江西、浙江、河北、山东、河南等省都出产很多的棉花。比较起来，要算江苏是第一。像南通、上海、太仓、嘉定等县，便是以产棉著名的。

我国出产的棉，颜色虽很洁白，纤维却是不长，须努力改良才好。

园艺的常识

园艺的必要常识

不论是寝室或是书室，或是学校的教室，假使不用一种装饰品去点缀便觉单调无味，在装饰品中，瓶花和盆景，要算是最好的东西了。它如庭园，假使让它荒草丛生，或是赤土一片，便觉不成样子；所以必须锄土辟径，栽植花木，才有生趣。讲究盆栽和庭园种植的方法的，便是园艺学上的事。

不过，我们从事园艺，其目的不仅在装饰，更可从此养成勤劳的习惯；对于植物学的知识，也能从此获得不少。关于这些，在这里不能详谈。总之：园艺是一件有益而且有趣的事，现在来谈园艺初步的必要常识吧。

庭园布置的形式

庭园的布置要艺术化，当注意花坛与路径的形式。花坛的式样，变化无穷，有长方形，圆环形，椭圆形，十字式，卐字式，人字式，王字式；还有星芒式，波纹式，各种的叶形与花形，更有所谓天幕花坛，毛毡花坛，短篱花坛，春夏秋冬的花坛……

总之：随意变化，并无定式，只要美观，便于观赏，不碍植物的生长，都是好的。

下面举出两种形式。甲种可用于方的庭园，乙种可用于靠墙的地方。如能加以变化，便可砌出许多形式。

花坛上的花色，当配合调和，并且要四季都有花看，不致间断为宜。

花坛普通多用瓦片砖石作边，冬青作篱；其实用常绿的

甲

乙

草作边，用枝叶茂密的木槿、蔷薇、黄杨等作篱，也是很好的。

园路专用直线的，便觉单调无味，当曲直参用。主道宜阔，支路不妨稍狭，路面如不铺石，可铺一层煤灰或黄沙，路面当较花坛低，路中央要比两侧高，这样才使雨水便于流泻。大的庭园里，还可造成蔓性植物的绿门；有时还好用木条或细竹扎成各种的花棚与花柱，但这不是我们现在力量所能做到的事。

几种小工具

做一种工作，总要有一种专用的工具，如用旁的东西来代替，便不大适宜了。园艺用的工具，最简单当备下面的几种：

一、喷水壶——这是浇花用的必要器具。从喷水口喷出的水，能像雨点一般均匀，这样是不致伤害花木；假使用它种器具，如盆碗等物来代替，那么花朵或泥土，每致被水力压伤或冲坏，所以是不适宜的。

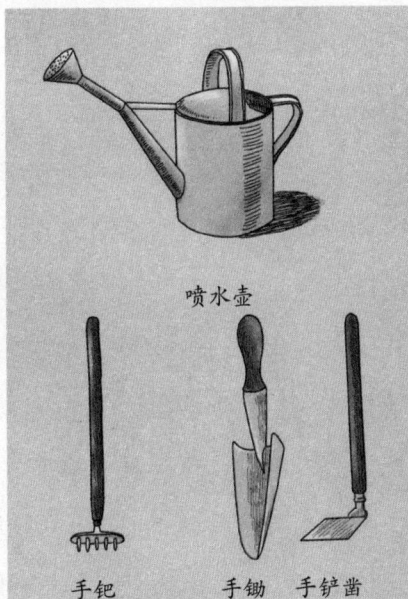

喷水壶

手钯　　手锄　手铲凿

二、手钯——柄是木质，钯是钢制，上面有齿。这是用来钯平泥土或是除去杂草的。

三、手锄——这是用来锄松泥土的。

四、手铲凿——这是用来铲泥土的。移植花草时，用它掘起根土，最为适宜。

此外，还有修剪树枝用的剪刀，四齿的手钗之类，能备最好；不备，也可用它种器具代替的。

怎样下种

植物的繁殖，大都是用子种的；但也有种子不易发芽的和不能下种的种类，那就要靠人工的接换、扦插、压条等等方法繁殖了。

我们现在先讲那最普通的子种的方法吧：苗圃宜选向阳的暖和地点，北面要有高墙或其他遮障物，以避去寒冷的西北风。地质不宜过湿，只须保持湿润，就能助长种子发芽的。土宜深耕，并且要弄得松细，这样，幼根的发育才能顺利。种子小的，撒播宜密；粒大的可稍疏。子的上面当盖上一层细土，粒小的宜薄，粒大的当稍厚，这样种子便能发芽生根了。

花木各有特殊的性质，所以下种的时期，也各不同。有的宜秋莳，有的宜春莳，不能一概而论。秋莳的，大抵在九月前后，

最要紧的是不要使它受到风霜与冰冻。春莳的时期，大抵在四月前后。春天土质易干，应该随时灌水。

移植的方法

苗圃的苗本，长成后，便要移植到适当的地点去。现在将移植上应注意之点开述于后：

一、移植的时间，以傍晚为宜。不论阴天或雨天都可以，但在暴风雨时候，不可移植。

二、苗本如用手拔起来，根必受伤；当用铲凿或手钗，深深地插入根的周围，连根带土掘起来为妥。

三、移植后，苗本必经一度萎凋，在此时，当注意供给适当的水分，并须暂时避去太阳的照射，有时还得摘去些密处的叶，以节省茎叶内水分的蒸发。

花木的盆栽

花盆有瓷器的，有陶器的，有瓦器的。培养花木，当用瓦盆，因为瓦盆的质地，能吸收水分的。但在观赏时，当套上精美的陶瓷盆。盆的形状很多，普通有圆形、方形、长方形、椭圆形等。

花树在盆中的地位，栽植时当加以注意，切忌安置在盆中

心，应当稍偏，但又不宜植于盆边。总之：当视树的姿势而定。位置盆景，还当分正面与背面。数本栽于一盆时，在配置上，长者当在后，短者当在前，不可顺序排列，疏密也要有变化。总之：要像天然的姿态为美。

盆底的孔，是预备排水的。盆孔太大，泥土易于漏出，宜用碎瓦掩盖。

用什么做肥料

肥料之与草木，犹如饮食物之与人体，都是一刻不能离的。没有肥料，就没有营养，生命便不能维持，所以肥料是很重要的。肥料的种类，大概如下：

一、植物性肥料——豆粕，麸糠，草木的灰等。

二、动物性肥料——人与禽兽的粪尿，鱼肥，毛发，骨粉等。

三、矿物性肥料——过磷酸石灰，硫酸，亚麻尼亚，加里卤等。

肥料的使用，应视植物的性质而定。大致：

一、观花的植物，宜用窒素肥料的油粕。

二、观实的植物，宜用窒素质与磷酸质的混合肥料。磷酸质肥料，像过磷酸，骨粉都是。

三、观叶的植物，宜用窒素质肥料。

栽于地上的植物，肥料不妨用剧性的；盆栽，当用性易溶解的稀薄肥料，施肥的时期，因植物性质不同，故不能一定。大致在发育时期中，都可壅肥；唯不可过量，在幼树更须注意。

适宜的土质

土质与植物的发育，有密切的关系。土壤适宜，植物的生命力充足，枝叶丰茂，花丽果大；土壤如不适宜，那么非但不能长成，或且因此而枯死。土质有以下的几种：

赤土——产于高原，质地松，有黏性。

真土——易干燥，营养分较赤土富。

山土——质坚，无黏力，易泄水，营养分少。

黑土——色黑，质地松。

野土——肥料分子量富于山土。

黄土——这土生于地底，质坚，色黄。

忍土——是腐化的落叶与土的混合物。

此外还有田土、沟土、沙之类。

盆栽土调制起来，大致如下：

观叶树木类——可用真土五分，沟土三分，忍土一分，细沙一分为宜，可不用肥料。

观实及观花树木类——可用真土六分，沟土二分，沙与忍

土各一分，再与人粪或油粕混合，即成培养土。

球根类——当用真土五分，沟土与忍土各二分，沙一分，加人粪或油粕，混合即成培养土。

春季开的花

春天开的花很多。初春时候有蜡梅、水仙、山茶，晚春时候有桃、杏、樱、梨、玉兰、海棠、辛夷、瑞香、兰、紫荆、郁金香等等这些都是普通常见到的。

现在我们来讲一种盆里可栽的水仙与一种庭园里可植的桃树吧。

一、水仙

水仙

这是最清雅的花，芳香清雅，置于案头最宜，故一般女人特别爱好它。这是球根类的多年生草，叶是平行脉，高约一尺。普通花色卵白，但近来变种很多，有黄金色、纯白色，还有红边的，因之开花时期也各有不同了。

这花栽植极易，可植于土

100

中，也可栽于水中。栽植的方法，可于秋季发芽后，把它排于水盆中，用白石粒子填好，使它不倒。日晒夜藏，避去霜雪与冰冻，隔数日换一次清水。这样叶丛便能产生花茎；等花茎高出于叶，花便一朵朵地开放了。

肥料：可用油粕、骨粉、过磷酸。

二、桃花

桃子是谁都吃过的，桃花是谁都见过的。从自然科中，更可知道桃子是浆果，桃花属蔷薇科，并有单瓣千瓣的不同，花色普通是粉红，但也有纯白的，因为花既好看，实又可吃，所以除植桃专家外，一般人也都喜于庭园隙地，栽植一二株，以作点缀。栽植法，可先将预定的地点锄一适当深度的穴，把自苗圃购来的已接换过的苗本的根部放下去，用细土填满到一半时，将树干稍稍提松，使根部舒适，不致折断，然后盖满土壤。其肥料可用骨粉、油粕、过磷酸、动物肥料。

要是专为观赏用的，那么栽在盆里也可以。像扁形的蟠桃，栽在盆里，特别有趣。移植当在秋季，平时盆当深埋土中，以得地气，花时或结果后，可移入瓷盆，以供赏玩。

植桃最要注意的是剪枝。剪枝时期，当在初春未发芽时。桃树生理上有一种树脂，郁积体内，每致胀死，当用刀将其干部表皮剖开，使树脂得向外流泄，发育才得丰盛。如要果实大，当注意摘果，一树留三四枚强健的为宜。

夏季开的花

一年之中，要算夏令开的花为最多。在春天播种的花卉，大多是到夏季开花的。所以在这节季，到公园或野外去最有趣。园艺的事情，在这节季也最忙碌。在这里，我们在无数的花中拣两种有趣的花木来谈一谈吧。夏季的花中最美观而且最常见的：一是灌木的蔷薇，二是草本的芍药。现在就分述于下：

一、蔷薇

蔷薇花，色美气香，并且四季开放（因夏季开花较盛，故常列入夏季之花中），所以这花最受人欢迎。这灌木有竖立性，也有攀缘性，又有匍匐性。叶是羽状的复叶，花五瓣，有红、黄、紫、白、黑等色，品种像月季、野蔷薇、木香、玫瑰、酴醿、十姊妹等都是。

繁殖法有实种、接枝、插木三种。插木法最妥当，大抵于春三四月，剪三四寸长的枝条，下端向一面削尖，插一半于肥沃的沙土中，避免强光的照射，土壤的过湿，这样，约半月即能生根发芽了。

蔷薇

剪枝约在三四月间，要花开得大，每枝只可留存一朵，而把其余一齐摘去。此外的事务是除虫宜勤。蔷薇易生蚜虫，花蕾新芽，每因此不能开放，可浇鱼腥水除去它。

二、芍药

芍药与牡丹相仿佛，但牡丹是木本，芍药却是每年生毛茛科草本。叶是复叶，花大而艳，有深红、淡红、黄、白、深紫、淡紫等色，品名颇多，花蕊短的最为珍贵。它的根也有赤白二色。

如要分根，可于九十月中把它从土中掘出，用清水洗涤，修去老根，另用新土和少许猪肥做培养土。开花时，当用竹条扶持着，因花大茎嫩，最易倾倒。

花谢后，当剪去其子，并盘曲其枝条，这样，养分归蓄于根际，来年所生的苗，加倍的肥健。肥料用人粪、马粪、鸡屎为最宜。

芍药

芍药的根，当三年一分。分根目的是剪去旧根，换去故土，因新根常能被旧根所腐化，其生命力便将减弱。又分根当于九十月秋分时节行之，不宜于春分。俗语有云："春分分芍药，

到老不开花。"这是经验话。

秋季开的花

秋季开的花也不算少，我们所知道的，像秋海棠、雁来红、桂、鸡冠花、剪秋罗、老来红、紫薇、蕙草、草夹竹桃、亚非利加万寿菊、克土麻司都是。现在来讲一种宿根的秋海棠与一种球根的大理花。

一、秋海棠

秋海棠的叶，成锯齿的不等边形，叶脉及茎节均现赤色，花有四瓣，两大两小，粉红色，它的蕊作黄色，娇艳犹如美人，所以一般人公推为秋色第一。

秋海棠

它的种植法是这样；将十月间所收的种子，埋于土中，开春即能生根发芽。土质不论赤土、黑土、真土，都可种植。唯秋海棠的特性喜阴湿，所以北向的墙下或近水的地方，对于它的生植，最为适宜。肥料，可用鱼肠汁。

二、大理花

球根类植物中最美丽的，要算大理花了。这花原产亚美利加，是菊科植物，叶是羽状复叶。

繁殖法，可用子种，但分它的球根来种，更为妥当。于春分时候，将球根埋入土中，即能成长，八月即能开花，直到霜降，才见凋零。肥料可用马厩肥。

大理花

这是自然的理，要花肥大，便须摘去它的蓓蕾，而留一二朵在枝上；要花开得多，便须摘去枝梢，使叶隙多生小枝，枝多花也就多了。

冬季开的花

一年中的花事，在冬季要算最寂寞了，这都是因为气候严寒的缘故。在这节季，只有耐寒性的植物，像菊梅等方能开花；不过如在花房中，保持着相当的温度，那么春夏时期的花，在寒冬亦能放灿烂之花的。

一、菊

一般人都把菊作为秋季的花。其实这花开于秋末冬初的时候，今为便利起见，把它放在冬季来讲了。菊的种类在世界约有五六千种，花瓣有单瓣、复瓣，其瓣形，有筒瓣、匙瓣、扁瓣之不同。繁殖极易，实种、分根、插芽、插叶均可，但普通都用分根及插芽法。分根最易，在清明后把宿木的根分开，剪去老弱的，栽进盆中，深二三寸，起初数日宜盖好，以避日光，浇水适度，即萌新苗。如要花大或花多，可照大理花摘芯摘芽的法子施行，即能达到目的。

菊的害虫最多，枝梢有蚜虫，可用鱼腥水浇死它；地蚕要咬它的根，可用石灰水灌下去，但石灰有毒，宜用清水浇透，以免菊本受害。此外，还有菊虎要咬它的梢颂，当努力驱捕。

肥料，初用人粪、骨粉，次用油粕，开花前，可用过磷酸。

二、梅

梅花曾有采作国花的提议，品格很高尚。它的品种，据梅谱所载，有九十余种。

繁殖法，不论压条、扦插、接换、实种均可。土质亦不一定。若要移植，当在叶落后未花前。花谢后，即宜剪去枝条，迁栽于园地，壅上肥料，这样，所发的枝芽，定能非常壮茂。肥料可用人粪、油粕。

观叶的草木和观果的草木

观叶的树木，如松、柏、杉、枫、竹、冬青、黄杨、棕榈之类；观叶的草木，如石菖、玉柏、仙人掌等等，我们栽种它们，以观赏它们枝叶的姿势为目的。观果的树木，像杏、李、樱桃、枇杷、石榴等；观果的草木，如万年青、茄之类，我们都赏玩它们花一般美的果实。

观实的桃，在前面已讲过了，现在来讲一种观叶的松树吧。

松是直立性乔木，四时不凋。它的种类约有六百以上。庭园及盆玩用的松，当取它生性矮小而有天然美姿的，像罗汉松、五叶松、大王松等，生来都是有苍老古劲、夭矫扶疏的风致的。

松性喜干燥，所以应当植于排水便利的地方。移植时，根与宿土不可分离，并须用山土和砂石栽植。盆栽时，盆底要铺一层灰末或沙砾，以免蓄水腐根。灌水不宜多，并当浇于枝叶上。

稻和米

小 引

米是稻的果实，稻结实后，农人把它取了下来舂成的。我们天天吃米，应该知道米的来历。要知道米的来历，先得研究稻。现在把"稻的形状怎样"，"怎样种稻"，"怎样舂成米"，"怎样藏米"等分别叙述在后面。

稻的形性

稻喜欢生长在潮湿的地方，凡是气候温暖，土壤潮湿的地

方，都可以种稻。稻秆约有三四尺高，中空，外面有节。稻的根叫须根，因为是一簇细根，没有粗的主根的。叶狭长，和普通植物的叶子不同。花很小，没有花瓣，只有两片壳，一片叫壳，上有芒；一片叫内壳。

稻

稻有几种

稻的分类很多：依据种植的地方来分别，有水稻、陆稻两种。种植在水田里的，叫水稻；种植在旱田里的，叫陆稻。

依据米的性质来分别，有粳稻、糯稻两种。粳稻少黏性，

我们常吃的饭米就是粳稻舂成的。糯稻性黏，我们常吃的糕饼，大都是糯稻做成的。

依据成熟的时期来分别，有早生稻、中生稻、晚生稻三种。早熟的叫早生稻，晚熟的叫晚生稻，成熟时期不早也不晚的叫中生稻。

怎样种稻

一、选择土壤

土壤有许多种。沙质多的叫沙土；腐植质多的叫黏土；沙质和腐殖质的分量适中的叫壤土。最适宜于种稻的是壤土。这是因为有下面的两个原因：

1. 容易保存水分；

2. 养分不会流散。

二、选择种子

普通选择稻子的方法有风选和水选两种：风选就是利用风的力量除去轻的种子留下重的种子。水选就是把种子放在水里除去浮的种子留下沉的种子。风选法手续虽简单，不很正确，所以农人大都用水选法。

三、浸种子

在播种以前，须把种子浸在水里，使发芽容易。用一只布袋，

110

水选　　　　　　　风选

盛些稻种，浸在河里，这就是浸种子。过了三四天，稻种有幼芽透出来，便可以播种了。

浸种子

四、播种

预先做好一方秧田，把浸过的种子撒到秧田里去，盖上一层草木灰，再用水车戽水进去，只要种子上面有薄薄的一层水便好了。

播种的时期各地不同，寒冷的地方，比较晚一些；温暖的地方，比较早一些。

五、插秧

稻种的芽慢慢生长起来，作嫩绿色，叫作秧。秧生长得太长了，不能再留在秧田里，便要分种出去，这叫作插秧。农夫从秧田里拔起秧来，一株一株地分种到水田里去，便是插秧。农夫的本领真好，能把一行一行的秧，插得很整齐。

插秧

112

六、灌水

稻田里有了水，可以使泥土柔软，稻根容易生长，所以灌水的事，非常重要。

稻幼小时，田中的水不必多。八九月里，稻的生长很旺盛，需要水量很多，要常常灌水。到了成熟时期，不再需水，就不必灌水了。

七、施肥

肥料的种类很多：普通稻田所用的肥料，是烂草、人粪尿、糟粕、骨粉、草木灰、厩肥、河泥等东西。近来也有用化学肥料的，施用起来，比较简便，不过成绩不很好。

施肥的方法如下：1. 插秧以前，预先把肥料埋在土中或是一堆一堆地放在泥土上面；2. 插秧以后，把肥料撒在水田中。

八、耘草

耘草

113

稻田里的草，最容易妨碍稻的生长，所以农人在插秧以后常常要做耘草的工作。

插秧以后十天左右，须耘草一回。以后每隔十天，耘草一回，直到稻开花结实为止。

耘草的工作，最好在晴天做。

什么时候割稻

稻叶枯黄以后，便可以割稻了。早稻大概在夏季收割；晚稻大概在秋季收割。倘使稻割得太早，收量就要减少，贮藏起来，又易发生虫害；收割得太迟了，容易被鸟类啄食，一遇大风，更容易散落。所以收割要恰当其时，迟早都不相宜。

打稻　　　　　割稻

114

怎样舂成白米

农人用镰刀割下稻来，有的铺在地上，有的架在架上，待它干燥，然后在稻床上打击，收取打落的谷粒。用砻去壳，就成糙米。

再把糙米放在臼里，舂去了糠，就成了白米。

收量有多少

以普通的情形讲，每亩稻田可收糙米一石五斗到三石光景。从糙米舂成白米，还要除去糠二成，折算下来，可得白米一石二斗到二石四斗光景。

稻的茎秆，就是稻柴，可做燃料。每亩的收量，大概有三四百斤左右。

稻的用途

糯稻结的谷，可以舂成糯米，把糯米磨成了粉，可以做糕团。粳稻结的谷，可以舂成粳米，是我们重要的食粮。

米还可以做酒。米烧就是用粳米加了酒药蒸成的。其他如砻糠、细糠、稻藁等也都有用途。砻糠可以做燃料，细糠可以

做饲料，喂给家畜吃。稻藁可以做燃料，又可以做饲料，也可以做纸，草纸就是用稻藁做成的。

稻有哪几种病害

一、稻热病

稻的病害，最普通的是稻热病和萎缩病。稻热病初起时，叶尖变为黄褐色，叶里发现绿褐色病斑，以后就渐渐枯死。

预防稻热病的方法如下：

1.要拣选抵抗力强的品种；

2.肥料要配合得适当；

3.田里的杂草要除尽；

4.有病的稻要赶快拔起来烧掉。

二、萎缩病

稻的萎缩病大都发生在插秧以后，初发生时，叶变为深绿色，叶脉上生白色斑点。病得厉害的稻，秆短、叶粗，不会抽穗结实，偶尔抽穗，也不会充实的。预防萎缩病的方法如下：

1.要选择性质刚强的品种；

2.除去杂草；

3.有病的稻要赶快拔起来烧掉。

稻有哪几种害虫

一、螟虫

稻的害虫中，最厉害的有螟虫、蝗虫和浮尘子三种。

螟虫有三种：一种叫作大螟虫，一种叫作二化螟虫，一种叫作三化螟虫。这三种螟虫，都要蚀害稻茎的。比较起来，三化螟虫的害处最大。

螟虫的形状，很像米蛀虫。身长只有四五分，害稻的本领

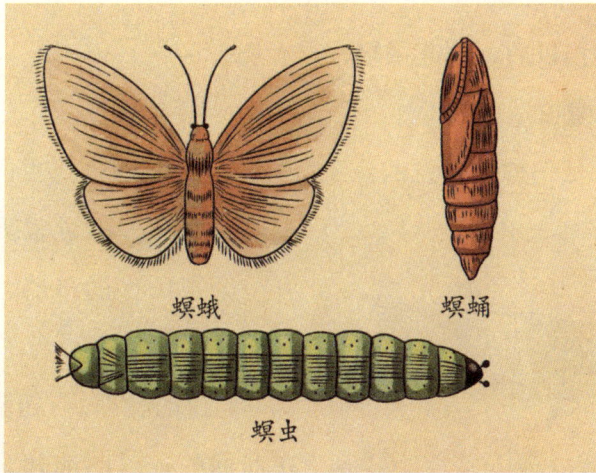

螟蛾　　　　　螟蛹

螟虫

却很大。它有一个很坚硬的口器，能够咬破稻茎，钻到里面去，蚀害髓质。

螟虫渐渐长大，便变做蛹，过了几天，变做成虫，叫作螟蛾。雌的螟蛾常产螟卵在稻叶的背面，从螟卵里孵化出来的幼虫，

就是螟虫。

稻茎中有了螟虫寄生，一定不会结谷了。

驱除螟虫的方法如下：

1. 检查稻叶的背面，倘有螟虫的卵块，须把卵块刮下，用火烧死。

2. 有螟虫寄生的稻茎上有小孔，叶色黄，穗是空的，稻田里倘有这样的稻须拔起来烧毁。

3. 日出以前露水还没有干时，螟蛾不会飞行，可用捕虫网来捉螟蛾。

4. 割稻以后，掘起稻根，点火烧去。

二、蝗虫

蝗虫是一种黄褐色的昆虫，好像是大蚱蜢。蝗虫的头部，有两条触须，感觉很灵敏。还有一个很厉害的口器，能咀嚼稻茎稻叶。

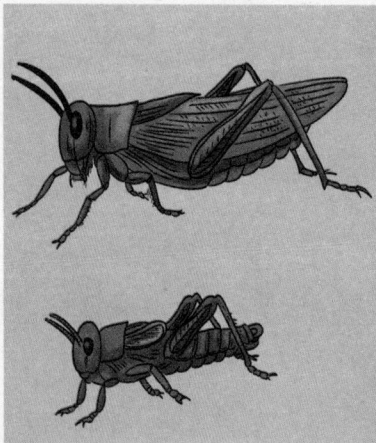

蝻和蝗

蝗虫的胸部，有翅膀两对，在前面的一对叫前翅，在后面的一对叫后翅，可以飞行。

还有三对脚，前面的一对，叫前脚；中间的一对，叫中脚；后面的一对，叫后脚。后脚最

强壮，可以步行，可以跳跃。

从蝗虫卵里孵化出来的幼虫，叫作蝻。蝻的形状和蝗虫差不多，只是翅膀不全，不会飞行。

蝗虫飞行时，常成一群，面积很大的稻田，一旦有成群的蝗虫飞来，可以把稻立刻吃完。

驱除蝗虫的方法如下：

1．冬天时，到稻田里去巡察，倘田里发现小孔，须用刀掘下去搜寻蝗卵，用火烧死。

2．冬天时，先把稻田深耕一次，再灌水进去；水结成了厚冰后，土块里的蝗卵便冻死了。

3．日出以前露水还没有干时，蝗虫不易飞行，可用捕虫网来捕捉。

4．在稻田旁掘一条深沟，用长竹竿把蝻赶到沟里去，点火烧死。

三、浮尘子

害稻的浮尘子有许多种，最普通的是绿色浮尘子和褐色浮尘子两种。浮尘子飞行时好像浮在空中的尘埃，所以叫作浮尘子。

浮尘子的口器是管状的，常常插到稻茎里去吸收叶液。被浮尘子蚀害的稻，也都不能结谷。

驱除浮尘子的方法如下：

浮尘子害稻情况

1. 冬天的时候，田岸上的杂草，须一律除尽。

因为浮尘子大多数藏匿在杂草里过冬的。

2. 浮尘子喜欢灯光。点一盏灯在稻田里，灯下放一个水盆，诱引浮尘子飞来，撞在灯罩上，跌落到下面的水盆里去。

3. 日出以前露水还没有干时，浮尘子不易飞行，可用捕虫网捕捉。

最好的米怎样的

辨别米的好坏，很不容易。现在把品质最好的米应有的条件写在下面：

1. 米质坚硬，形状丰满。

2．米粒粗大，形状整齐。

3．色白透明，有光泽。

4．没有青米赤米夹杂在里面。

5．干燥。

怎样贮藏米

就贮藏而论，白米比糙米难，谷最容易。因为白米最容易变质，减蚀也多，并且容易遇到虫害。

贮藏的方法，有的是把米谷藏在麻袋里。不过做麻袋的费用很大，米多的时候，很不经济。所以普通都在干燥的地方，用竹席围成圆形，或用稻草编成了囤，贮藏米谷。

我国的米

稻是我国重要的农作物。产稻最多的地方，在长江附近一带。江苏、安徽、湖南、湖北、江西、四川等省，都出产很多的米。比较起来，要算江苏是第一。像无锡、常熟、昆山、太仓等县，便是以产米著名的。

水

水的变化

一、沸腾

水壶中盛些水，放在火上烧，隔了不多时候，便可以听见"噗噗"、"噗噗"、"噗噗"的声音，这是水受到了火的热，在水壶中沸腾了。再隔一些时候，又有白色烟雾样的东西，从水壶口里喷出来。

你仔细地看，可以看见一种奇怪的现象，就是贴近水壶口的地方，反没有白色烟雾样的东西。

水开了

二、凝结

这白色烟雾样的东西是什么？一部分的小朋友一定会说："这是水蒸气。"错了，错了。这不是水蒸气，这是水蒸气碰到了冷空气凝结成功的白色水滴。那么水蒸气在什么地方呢？那贴近壶口的地方，正充满着水蒸气，只因水蒸气是没有颜色的气体，所以我们不能看见。

小朋友！你们都懂得吗？水受到了火的热，沸腾起来，变做眼睛看不见的水蒸气，散到空气中去。这些水蒸气碰到了冷空气，又凝结成功水滴，水壶口的白色烟雾样的东西，便是水蒸气碰到了冷空气凝结成功的。你们看见过煮粥煮饭的情形吗？拿起锅盖来，不是有水珠滴下来吗？这也是水蒸气凝结成功的水滴。

三、蒸发

水壶里盛了水，放在桌子上，隔了多少天，水就减少，或者没有了。那些水到什么地方去了呢？请小朋友想想。

一件湿衣服，放在太阳光里晒，隔了多少时候，衣服就干了。水到什么地方去了呢？请小朋友想想。

太阳光的温热，使水变做水蒸气，蒸发到空气中去了。

地面上的水分，受了太阳的温热，蒸发上去，空气中便含有不少的水蒸气。

空气中的水蒸气慢慢地升高，碰到了冷空气，便凝结成功细小的水滴，在空中浮游着。

我们抬头向空中望去，不是看见各色各样的云吗？这便是在空中浮游着的一群细小水滴。

四、凝固

在冬天时候，小朋友们随时可以拿一块冰来玩。冰的形状，大家都看见过，冰是怎样形成的，小朋友可能回答出来？

冰是水变成的。冬季天气很冷，大气的温度，降到摄氏寒暑表零度的时候，流动的水，便会凝固起来，变做不流动的冰了。

五、融解

水是流动的液体，冰是不流动的固体，从形状上看来，水和冰好像是截然不同的两样东西，其实却是同一的物质。

天气冷的时候，水会凝固起来，变成冰。冰受到了温热，还是要融解开来，变成水。

把一块冰放在太阳光里晒，就会慢慢地融解，结果完全变成水。

水的形状

一、水平

盛水在面盆里，等它静止以后，我们可以看见水面是截平的。

把面盆斜放着，水面高低不平了，水便从高的地方流到低的地方去，隔了一会，水静止了，水面又是截平的了。

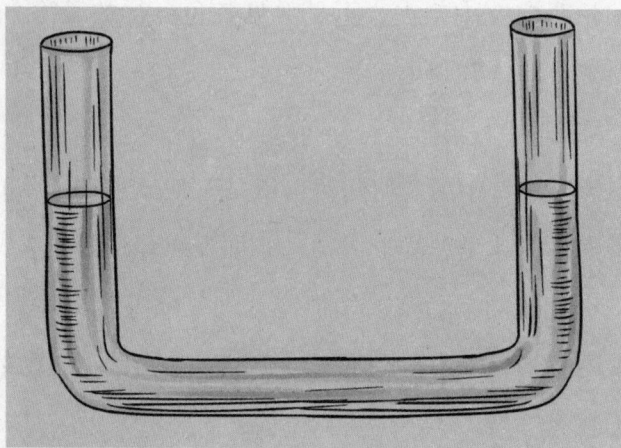

水平面

这样看来，我们可以知道静止的水，水面是截平的。这叫作水平面。

我们还可以用一种方法来实验水平面。用曲玻璃管一支，注水在甲管里，水便从甲管流到乙管去，直到甲乙两管的水面截平时，才静止不动。

这一支曲玻璃管，不论你怎样的放法，甲乙两管的水面总是一样高低的。

二、颜色

干净的水，是没有颜色的，透明的，没有臭气的。如果尝尝它的味道，有一种凉快的感觉。这里有一杯水，是有颜色的，有臭气的，味道并不凉快的，那决不是干净的水。

126

普通的自然水，像雨水、河水、井水等等，都不是干净的水，有的含有河泥在里面，有的含有别种杂质在里面，有的含有微生物在里面。

用一管干净的水做标准。把各种的自然水盛在玻璃管内，后面衬了白纸，和标准水相比，就可以看出自然水都不是纯粹透明的。

普通人家都拿自然水来做饮料，或是烹茶，或是煮饭，这真是危险的事情。

水的精制方法

一、沉淀法

怎样的水才干净，才可以作为饮料呢？我们一定要把水精制过。水的精制方法有许多，最简便的是沉淀法。

假如有一缸不干净的自然水，里面含有杂质，你可以去买一些明矾，把它研碎了，放到水缸里去，再拿一根干净的木棒，在水里不停地搅动，使明矾都溶解在水里。隔了一些时候，水静止了，含在水中的杂质，像沙泥一类东西，都慢慢地沉淀到水底，上面的水干净了许多，可以拿来作饮料了。

这沉淀的方法，其实不能称为完美的方法。但是手续比较便利，普通的人家都可以做到。

沉淀法

128

二、沙滤法

沙滤法比沉淀法更好。经过沙滤以后的水叫作沙滤水，更加干净。

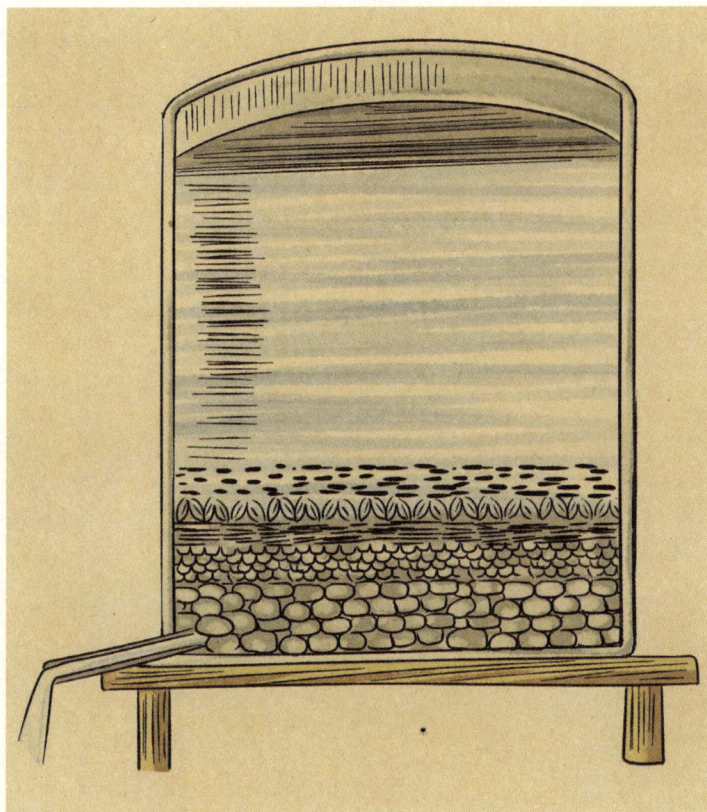

沙滤法

用一个桶，在近底的地方装一个出水的管子，把非常干净的大石子装在桶底。大石子上面，再铺一层非常干净的小石子，小石子上面再铺一层非常干净的棕榈皮，棕榈皮上面，再铺一层非常干净的细沙，细沙上面，再铺一层非常干净的骨灰。这样布置好了，将水装在桶里，让它在这许多东西中间流过，从近水处的出水管流出来。因为水中含有的杂质，都已存留在骨灰和细沙等这些东西中，流出来的水便干净了许多，很适于作饮料。

沙滤器中铺着的各种东西，经过一个月以后，须要拿出来洗净，假若长久不洗，滤出来的水不会干净的。

三、蒸馏法

沙滤法虽然比沉淀法好，但是还不及蒸馏法。用蒸馏法蒸馏出来的水叫作蒸馏水，是最干净的水，一切的杂质，像细沙

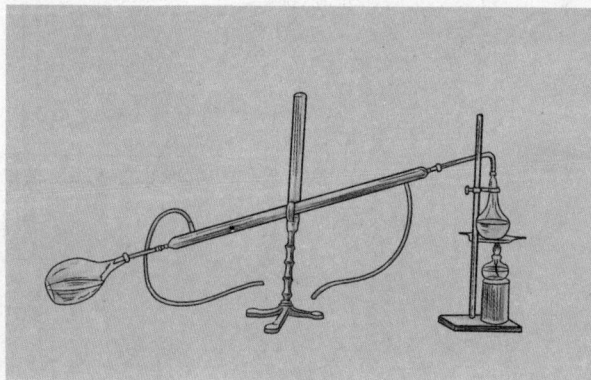

蒸馏法

微生物之类都没有的。所以用蒸馏水来做饮料，没有一点危险。

做蒸馏水有一种现成的器具，叫作蒸馏器。

把水放在蒸馏器中，加热以后，水渐渐地变做水蒸气，经过了冷的部分，便又凝结成功为水，从管口流出来。

水经过蒸馏以后，沙泥一类东西，都存留在蒸馏器内，微生物都烧死了，所以蒸馏水是最干净的水。

小朋友！你们的饮料水是自然水呢？还是经过精制以后的水？倘使是用自然水的，你们须赶快想法精制，精制的方法，最简便的沉淀法，最完善的是蒸馏法。

自来水

在都市里有一种水，叫作自来水。这不是自然水，是会经沉淀过沙滤过的。这比普通的自然水，干净许多。现在讲一些关于自来水的情形。

有自来水的都市里，一定有一个很高的水塔，这是水的储藏处。

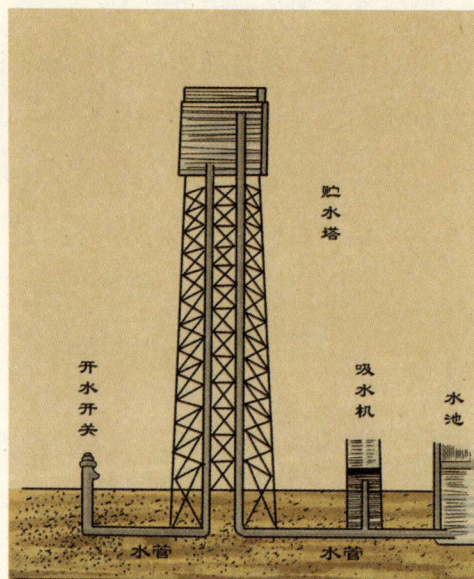

水塔

先从河里吸水进来，经过了沉淀和沙滤以后，引到水塔里去，再从地下的水管，通到各处去。自来水的水管上，装好一个开闭机关。把这开闭机关一开，水流出来了。不需用的时候，把这开闭机关闭上，水便不流出来了。水塔是很高的，水管只

要装得比水塔低，水总可以流得到。倘使把水管装得比水塔高，那么因为保持水平面的缘故，水就不能够流到了。

水的用途

你们试想，我们人类的生活上，可能缺少水吗？万一缺少了水，我们简直不能够生活，不但我们人类，一切动物植物也都不能够缺少水。譬如你种一盆花，倘使你不去浇水，那盆花便要枯死。这就可以知道植物的生长是不能没有水的了。其他如工业机械，也都有用到水的地方，水的功用真不小啊！

云、雨和雪

云的成因

泼水在一张纸上，放在太阳光里晒，隔了一些时候，那张纸就干了。泼在纸上的水到哪里去了呢？小朋友也曾想到这一个问题吗？

泼在纸上的水受到了太阳光的温热，变成了眼睛看不见的东西，到空气中去了。这眼睛看不见的东西，叫作什么？这便是水蒸气。

水蒸气到了空气中去，起怎样的变化呢？这是一个有趣味

的问题。小朋友！你要明白这个问题，我先告诉你一个实验的方法。

要是你向冷的玻璃呵几口气，你一定可以看见那玻璃上有一层薄雾样的东西。这是什么缘故呢？因为你呵出来的气里含有水汽，这些水汽碰到了冷的玻璃，立刻凝结成功细小的水滴，黏附在玻璃上，看去就好像薄雾一样。

向冷的玻璃呵气

空气里的水蒸气慢慢地升高，碰到了冷的空气，也同碰到了冷的玻璃一样，立刻凝结成功细小的水滴。这种水滴，非常细小，空气有一种浮力，能够把它抵住不让它下来，它便浮游在空气中。这就是云。

种种的云

小朋友！你们曾仔细地看过云吗？云的形状千变万化，真是好看。约略分别起来，有四种云：

一种是卷云

这是最高的云，在碧色的天空里，浮着白色的云，有时好像白色的绸带，有时好像白色的羊毛，有时好像老人的白发。阳光照上去，现出鲜艳的彩色来，更觉得好看。

这是卷云

一种是层云

这一种云和薄雾差不多，不过薄雾是接近地面的，层云的地位比薄雾稍高一些。

这是层云

阴天时候，一条条的层云把远远的山峰遮住，有时好像在山腰里缓缓地移动，使山中景物若隐若现，非常好看。

一种是积云

积云的形状很多变化，有时好像堆积着的一朵一朵的棉花，有时又好像排列着的一片一片的鱼鳞。

这是积云

137

夏天时候，积云最多，晴天的午后，更容易看见积云。

一种是雨云

雨云没有一定的形状，颜色是黑的，好像淡墨水一般。

下雨或是下雪以前，雨云出现了，黑沉沉的天空，好像张着一个淡墨色的薄幕。

这是雨云

雨 的 成 因

我们明白了云的成因，那么，雨的成因也很容易明白了。

地面上的水继续不断地蒸发，空气中的水蒸气逐渐加多，浮游在空中的水滴也便逐渐加多。

空气的浮力，只能把细小的水滴支持着，不让它下来。

138

下雨了

空气中细小的水滴，慢慢地聚拢来，形状增大了，空气的浮力支持不住，便落了下来。这落下来的水滴就是雨。

雨的形状，看去好像是一线一线的，其实是一滴一滴的。

种种的雨

有时下的雨，雨滴很大，雨势很急，有时下的雨，雨滴很小，雨势很缓。雨滴大，雨势急的，叫作豪雨；雨滴小，雨势缓的，叫作细雨。

夏天时候，多下豪雨。本来是很好的天气，忽然阳光暗淡，雨云四合，雷声隆隆，响个不住，豪雨便倾盆而下了。

秋天时候，多下细雨，一丝一丝的雨缓缓飘下，雨势和豪

雨相差很远。

当四五月的时候，往往好多天接连下雨，那时空气非常潮湿，墙壁竟会渗出水来。这种雨叫作梅雨。在冬季里，下雨的时候比春夏秋三季都少，因为冬天的空气比较干燥的缘故。有时空气的温度太低了，便下起雪来。

雨的利害

小朋友！你家里有花草吗？你会种花草吗？若种花草，天天要做些什么事？要是你每天不浇水，花草便要怎样？还能够生长吗？须知道不但花草生长要有水分，一切的植物生长，都要有水分，你曾看见农夫们戽水到田里去吗？你曾看见农夫们浇水在蔬菜上吗？这是为了什么？就因为要植物生长，所以供给水分啊！

下雨的时候，土地吸收很多的水分，供给植物的需要。假使久不下雨，农夫们种的植物因缺少水分，都不能生长，就成功旱灾。但是，雨水太多了，雨势太大了，也有很大的害处，接连着下雨，田里积水，多时不退，会把一切的植物都淹死。这就是水灾。

雨水的分量适当，对于植物的生长很有益处。雨水的分量不适当，便有旱灾水灾的危险。

雪的成因

前面我曾说过，"在冬季里，下雨的时候比春、夏、秋三季都少。有时空气的温度太低了，便下起雪来。"小朋友！你们可曾看见过雪？可曾拿雪来玩过？可知道雪是怎样成功的？雪的形状怎样？雪对于自然界有什么功用？

现在先讲雪的成因。

空气里的水蒸气，慢慢升高，碰到了冷的空气，凝结成功极小极小的水滴，浮游在空中，这在前面已经讲过了。倘使水蒸气碰到了非常寒冷的空气，便凝结成功一粒一粒的冰，或是一朵一朵的冰花飘向地面来，这便是雪。

这里我们要明白，雪是从水蒸气直接变成的，不是从水变成的。

雪的形状

在下雪的时候，你去拿一块黑布，承受飘下来的雪花。用放大镜来仔细观察，可以看见雪花的形状，有的像星一样，有的像羽毛一样，有的像梅花一样，式样很多，非常好看。

不论雪花的形状怎样，概括说起来，都是六线形或六角形的。在中心处都有一个六角形的结晶体。从这六角形的结晶体，

雪花的形状

上面的图就是雪花的形状，你看多么美丽啊！

向六角方射出，成功六线形或六角形。

雪花还有个名字叫作"六出花"，便因为它的形状向六方
射出的缘故。

雪的利害

冬天的时候，天气很冷，许多昆虫因为行动不便和找不到
食物的缘故，死亡的死亡，躲藏的躲藏。有的是幼虫过冬的，
在树上做了一个窠，或是在地下掘一个洞，自己躲在里面。有
的是卵子过冬的，成虫把卵子产在泥里，让它过冬。这些幼虫
和卵子，到春天气候温暖时候，渐渐发育起来，蚀害各种的植物，

对于一切的农作物，害处很大。

冬天大雪降下来，不但窠里泥里的幼虫会冻死，就是卵子也会冻死，所以雪对于农业上是很有益的。冬天多雪，农家认为丰年的预兆，便是这个缘故。但是当春初时候，植物刚在发生嫩芽，假使有大雪降下来，嫩芽就要受冻，那害处也不小哩！

小朋友！请你依据下列各项，
观察天空的情形。

一、天晴时的云是怎样的？

二、下雨以前的天空是怎样的？

三、下雨以后的天空是怎样的？

四、下雪以前的天空是怎样的？

五、下雪以前天气的温度是怎样的？

霜的工作

很冷的晚上，霜大声地喊："你们预备着，今晚我要留在你们这里了。北风吹了一天，厚厚的云挡住了太阳的暖气，是我工作的时候了。特地来和你们打个招呼，免得你们预备不及，来埋怨我。"

霜这样喊过之后，大家都预备好了。农民把牛牵进屋里，给牲畜加铺一些干草。母亲把厚被盖在孩子的身上，让他们暖和地睡觉。种花人说："这些花草不要被霜弄坏了。"就把花盆移到屋里。

霜的工具都在一只小箱子里，是些什么东西呢？一只颜色

144

盒子，大大小小的画笔，还有剪刀和铁锤。

霜背起小箱子，动手工作了。它把草叶和有些树叶涂成黄色，把有些树叶涂成嫩红色，更把有些树叶涂成暗红色。它拿起一支大画笔，蘸着银白色，来画田地，田地上就像下过小雪一般。它拿起一支小画笔，也蘸着银白色，来画人家的窗玻璃，窗玻璃上就有了非常美丽的花纹。

它又用了剪刀剪开各种种子的壳，嘴里唱着："你熟了，散播到各处去吧！你熟了，散播到各处去吧！"最后它到栗子树上，说："栗子也熟了，我要敲开那些硬壳，让孩子和松鼠有栗子吃。"它用铁锤把一个个硬壳都敲开。棕色的栗子就从毛茸茸的屋子里露出来了。

电和电器

电　力

现在的世界，可以说是电力的世界。有利用电的力来做成动力机关的；有利用电的热来取暖的；有利用电的光来做成电灯的；其他如电铃、电报、电话、电镀等等，也都是利用电的。

电是什么东西？有的人叫它作电气，好像是一种气体。其实不是气体。电的本质，现在的科学家还没有研究出来。从电所做的工作上可以知道电是一种能力。能力是看不见的，可以看见的是工作的成绩。

因为电是一种能力，所以与其叫它作电气，不如叫它作电力。

电的性质

电有两种：一种叫作阳电，一种叫作阴电。阳电也叫正电，通用的符号是"+"；阴电也叫负电，通用的记号是"—"。

用一方干燥的丝织品来摩擦玻璃棒，丝织品和玻璃棒上都会发生一种电。玻璃棒上发生的是阳电，丝织品上发生的是阴电。用一个质地很轻的小通草球，挂在丝线上，把玻璃棒凑近通草球，通草球就会被玻璃棒上的阳电吸引过来。通草球和玻璃棒接触以后，也带有阳电了；再用玻璃棒去接近通草球，通草球被玻璃棒上的阳电排斥，不再吸引过来。

玻璃棒吸通草球

147

照这样的情形看来，我们就可以知道同性的电是互相排斥的。

再拿那方丝织品来试验。丝织品上是带有阴电的，已经和玻璃棒接触过的那个通草球是带有阳电的，把丝织品接近通草球，通草球却会被丝织品吸引过来。

照这样的情形看来，我们就可以知道异性的电是互相吸引的。

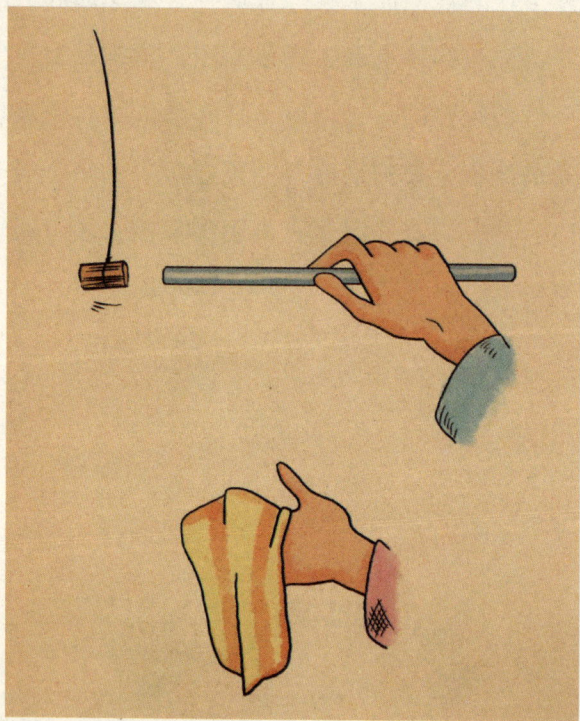

实验电的性质

电的发生

发电的方法有三种：一种是从摩擦作用发生的；一种是从化学作用发生的；一种是从磁力作用发生的。

一、摩擦发电机

玻璃是不容易传电的，铜条是容易传电的。用一根铜条，放在玻璃瓶上，铜条便变做绝缘体，可以蓄电。另用一根带有阳电的玻璃棒移近铜条，那铜条在接近玻璃棒的一端，会发生阴电，他端会发生阳电，这叫作感应电。

电感实验

摩擦发电机就是利用这个道理做成的。两根木柱的中间，装一块玻璃板。木柱的里面，上下两端，各装一个皮垫子。玻

149

璃板的后面，装一个铜质的集电器，下面用玻璃柱垫住，做成绝缘体。玻璃板的外面用两根有尖齿的铜条夹住；这两根铜条是和集电器接连着。旋转玻璃板使和皮垫子摩擦。皮垫子上发生的阴电，放散到地中去，玻璃板上发生阳电。集电器便因感应作用，一端生阳电，一端生阴电；阴电从铜条传到玻璃板上和玻璃板上的阳电中和，于是集电器上只有阳电了。

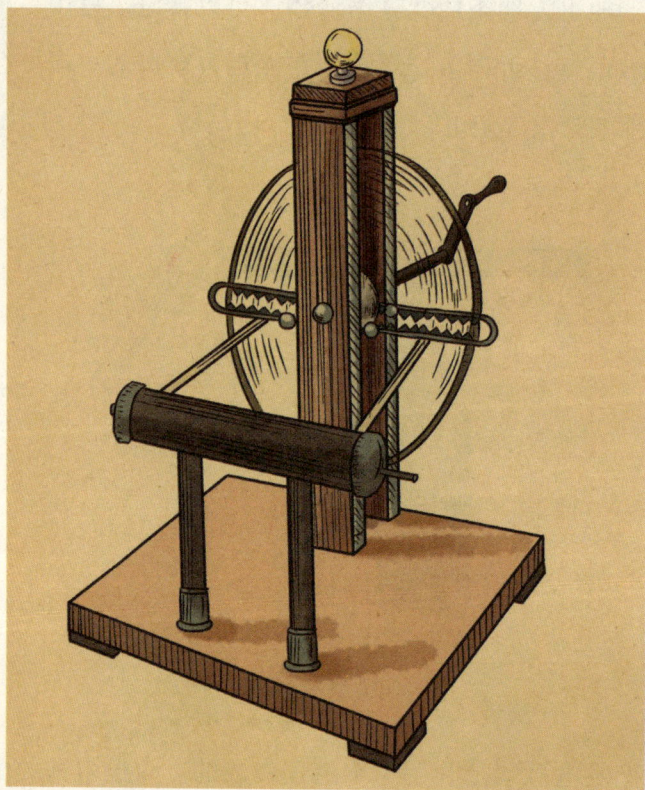

摩擦发电机

二、电池

用化学作用发生电流的，就是电池。玻璃杯里放了稀硫酸，插入铜条和锌条。锌条和铜条上都接着铜丝。把铜丝连络起来，铜条上发生阳电，锌条上发生阴电，阳电从铜丝上流通过去，就叫作电流。电池就是利用这个道理做成的。

电池有两种，即干电池和湿电池。最普通的湿电池是丹氏电池和硇砂电池。

玻璃筒里放了浓硫酸铜溶液，插入铜条一根；再用一个瓷筒，盛了稀硫酸，插入一根锌条，放到玻璃筒里去，用电线连络起来，就有电流从铜极流到锌极。铜极上发生的是阳电；锌极上发生的是阴电。这是丹氏电池。

实验电流

151

玻璃筒里盛了氯化铵溶液，插入锌条一根。再用一个瓷筒，填了二氧化锰和炭屑，插入一根炭棒，放到玻璃筒里去，用电线连络起来，就有电流从炭极流到锌极。炭极上发生的是阳电，锌极上发生的是阴电。这是硇砂电池。

干电池的构造和硇砂电池差不多。只是外面用一个锌筒来代替了锌条和玻璃筒，其余都是一样的。

三、磁力发电机

1. 磁石

我们要明白磁力发电机的构造，先要明白磁石的磁力。

磁石也叫作磁铁，它具有吸铁的性质，叫作磁性。有的磁石好像棒一样的，叫作磁棒。有的磁石好像针一样的，叫作磁针。有的磁石好像马蹄的形状的，叫作马蹄形磁石。

磁石的形状

用一条线，缚在磁棒的中部，把磁棒挂在空中，用手指拨动，磁棒便转动起来。过了一会，停止转动了，磁棒的一端，指着南方，另一端指着北方。指着南方的一端叫作南极；指着北方的一端，叫作北极。

先把一块磁石挂在空中。再拿一块磁石，用南极去接近南极，吊起的一块磁石，便离开得远些。用北极去接近北极，也是这样。这是磁石同极相斥的现象。假使用南极去接近北极，或是用北极去接近南极，吊起的一块磁石，会被吸引过来。这是磁石异极相吸的现象。

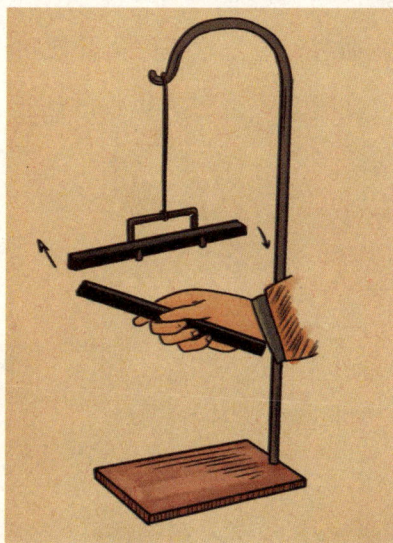

实验磁性

2. 磁性和电流

我们还不能马上讲到磁力发电机的构造，因为还没有知道磁性和电流的关系哩！

磁性和电流的关系是这样：

电线和磁石相近时，会发生电力；电线和磁石相离时，也会发生电力。

请用下面的方法实验一下：用很细很长的电线，绕成直径

153

三寸左右的圆环，共须绕转三四十周，才可供应用。把剩余电线的两端，接连在电流表上。电流表是测验电流强弱的器具。这电线里没有电流通过时，电流表里的指针是不动的；一有电流通过，电流表里的指针便转动了。

另拿一个磁力很强的磁棒，向电线圈中很快地插进去，不

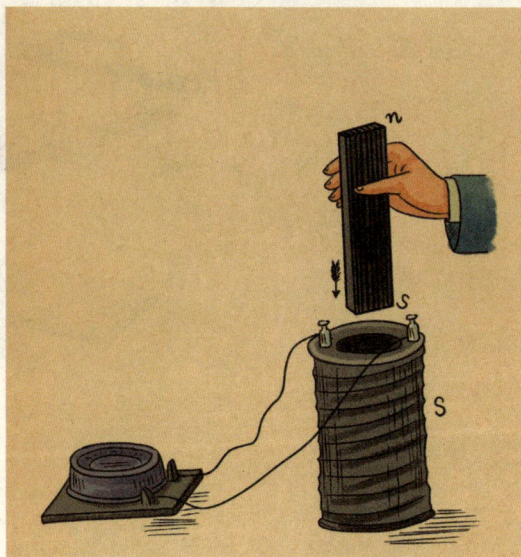

实验磁性和电流

要和电线接触，电流表里的指针，就会转动。这是电线和磁石相近时会发生电力的证据。

把磁棒很快地从电线圈中拿出来，电流表里的指针，又会转动。这是电线和磁石相离时会发生电力的证据。磁力发电机

就是利用这个道理做成的。

3. 磁力发电机的构造

磁力发电机的构造很复杂，不是电学精深的人，不容易看得懂。但是原理却很简单，看了下面的一个模型，就可以知道了。

图中写着南北二字的，就是磁石的两极。南是南极，北是

磁力发电机

北极。在两极中间的东西，叫作发电子，是用一个熟铁环绕了许多电线做成的。环的中央装着一个横轴；横轴的一端，装着两个传电的铜环；电线的两端，就分接在这两个铜环上。熟铁环转动的时候，这两个铜环也跟着一同转动。另用两个容易传

155

电的铜片，使和铜环接触着。这两个铜片上再接着电线，把电流引到外面去，显出各种的功能。

使这绕有电线的熟铁环在磁石的两极间转动不停，就有电流发出，从电线上传到铜环上，再从铜环上传到铜片上，从铜片上传到外部去。

转动发电机的动力，有利用汽机的，有利用水力的。我国的发电厂都是利用汽机的。

电 的 力

一、电磁石

上面所讲的发电机，是利用别种动力来转动发电子发出电流的机械。现在要讲到利用电流的力来做成动力机关的方法。电动机就是利用电流的力做成的动力机关。我们要明白电动机的构造，请先说明电磁石的作用。

一个用熟铁做成的洋钉，是没有磁性的，不能够吸铁的，但是我们可以利用电流的力量来使它能够吸铁。凡是利用电流的力量来做成的磁石，叫作电磁石。

用纱线包着里面的电线，很密切很匀整地绕在洋钉上。从一端绕起绕到了末梢，回过来再绕，大概绕了四五十周就好了。露出电线的两端，分接在电池的阳极和阴极上。电流在电线中

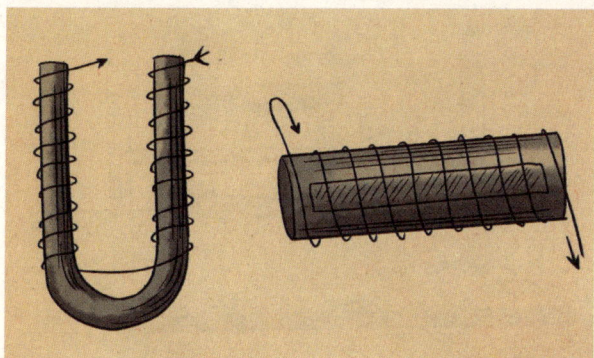

电磁石

流过，这一个洋钉便有磁性，可以吸铁。电流不通过，这一个洋钉便没有磁性，不能再吸铁。

电磁石的两极，也分南极和北极。电线旋转的方向，同时钟面上指针转动的方向一样的。这一端便是南极；另一端便是北极。

电动机就是利用电磁石做成的。

二、电动机的构造

电动机的构造也很复杂，不是电学精深的人也不容易看得懂。讲它的原理，却也很简单。我们可以做一个电动机来玩玩。

下图中南北两字，就是磁石的两极。南是南极，北是北极。也有用电磁石来代替磁石的，因为电磁石的磁力强。

丙是一个电动子。用几条熟铁缚住在一根横轴上，外面用纱裹电线围绕着，通了电流，就成电磁石。轴的两端镶嵌在甲

157

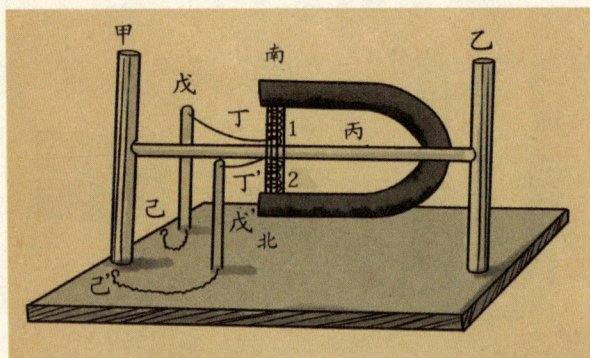

电动机模型

乙两柱上，能够旋转。丁、丁'是电动子的电线两端。戊、戊'是铜片，和丁、丁'可以接通。己、己'是接通电流用的螺钉。把电流接通了，电流从己'到戊'，到丁'，通入电动子中。1端是南极，2端是北极，和磁石恰是同极相对，便依同极相斥的原则推转电动子。转到半周以后，电动子的丁，转到原来丁'的地位，电流又从己'到戊'到丁，通入电动子中，于是2端是南极，1端是北极，和磁石又是同极相对，便又依同极相斥的原则推动电动子。电流的流通不已，电动子便连续转动。这电动子的转动是利用电流的，所以叫作电动机。

三、电动机的应用

把电动子回转的力做原动力，就可以做成各种的电力器具，或是转动各种机械。

158

电扇

1. 电扇

在电动机的轴上，装着几片叶子，通电流到电动机上，电动子不停地转动，附在轴上的叶子便也不停地转动，不停地拨动空气，于是有风了。这就是电扇。

2. 电车

电车就是利用电动机做动力机关的交通器具。电动机就装设在车厢的下部。电动子转动时，用齿轮做传动装置，使电车下的车轮转动，向前行进。

电车有两种：一种叫作有轨电车，须在铁轨上才能行动；一种叫作无轨电车，不须在铁轨上行动。有轨电车的架空电线只有一根，有引杆和电车接连着。发电所里发出的电流从架空

159

电车

电线走引杆通到电动机上，从铁轨上回到发电所去。无轨电车有两根架空电线，便有两个引杆。电流从电线上到发动机仍从电线上回到发电所去。所以不消用铁轨的。印刷机、起重机等，也有利用电动机来转动的。

四、电动机的优点

在电动机没有发明以前，一切的动力机关，都是应用汽机的。自从电动机发明以后，大半都用电动机做动力机关了。轻便的工作，像转动风扇、转动缝衣机，都可应用电动机。重大的工作，像转动起重机，转动机械工场里的一切机器，也都可

应用电动机。因为应用电动机有以下的几项优点：

1. **地位省** 动力机关所占的地位太多了，工作上颇不便利。电动机所占的地位极小，所显的功能却极大。

2. **清洁** 动力机关上倘使容易堆积油垢，倘使有熏人的热气，倘使有飞扬的烟灰，倘使有恶臭的油味，管理上既不便当，对于使用人的卫生上又不相宜，汽机就有这样的缺点。电动机却非常干净，既没有油垢堆积，又没有烟灰飞扬，也没有恶臭油味。

3. **消耗少** 动力机关暂时停止的时候，最好能没有什么消耗。汽机停止的时候，不能把燃料熄灭，这是一种消耗，电动机停止的时候，电流是阻住的，没有什么消耗。

除了这三项之外，其他像管理便当、机件简单等也是电动机的优点。

电 的 光

通电流在电线中，从甲端流向乙端去，倘使有阻碍电流通过的地方，便发生很高的热和很强的光。这就叫作电光。利用电的光来做成的灯，就叫作电灯。

电灯有三种：一种叫作弧灯；一种叫作管灯；一种叫作白热灯。最普通的电灯，就是白热灯。平常看见的电灯，大多是

电灯

白热灯。

　　电灯泡是一个真空的玻璃球，里面有阻力很强的导电丝，露着两端。倘使和外面的电线接连起来，便有电流通过，因为里面的导电丝阻力很强的缘故，便发生高热和强光来。

　　电灯泡里的导电丝，最初是用碳丝的，后来改用金属的铁丝、铢丝、钨丝，现在最普通的导电丝便是钨丝。

　　电灯泡不能受剧烈的震动，因为里面的导电丝很容易折断

的。倘使里面的导电丝断掉了，电流不能通过，便不会再有光了。

电灯上有一个机纽，是阻止电流用的。把机纽一转，电流不能通过，电灯便熄了。再把机纽一转，电流能够通过了，电灯便亮了。

电 的 热

电流从电线中通过，电线的各部，都会发生热。电流通过得少些，电线上发生的热度低些。电流通过得多些，电线上发生的热度高些。最高的电流热，可以有摄氏寒暑表八千度以上。

利用电流的热，就可以做成各种的电热器。电热器的种类很多，概括地说，有两种：一种是工业用的电热器，一种是家常用的电热器。工业用的电热器，要有很多的电流通过，使发生高度的热，所以都用不容易熔融的导线。家常用的电热器，没有多量的电流通过，不会发生高度的热，所以不一定用耐热的导线。

不容易熔融的金属，大多利用电流的高热来使它熔融。其他如焊接物体、煅炼物体等需要高热的，电都利用电热。所以电热在工业上是应用很广的。

家庭间应用的电热器如电暖炉、电熨斗、电灶等都是。利用电热比利用燃烧热好，因为有四项优点：

电炉和电灶

一、发生高热，发生低热，可以随意调节。

二、发热的时间快。

三、没有火焰、烟灰和毒气。

四、应用简便。

各种电器

利用电的功能来做成的电器，除了上面所讲的几种以外，还有别的电器哩！现在再举几件重要的来说一说：

一、**电报机**　这是利用电磁石造成的一种器具。电流通过的时候，电磁石就显出磁性来吸引铁片，铁片上附着一支铅笔便和下面的纸片相接触。电流不通时，电磁石没有磁性，铁片便弹上去，铅笔和纸片脱离，于是就留一个痕迹在纸片上。用制定的各种符号，如和一等代表数字，再从数字上翻译出代表的文字来。

二、**电铃**　电铃的构造和电报机的构造是应用同一原理的。电磁石的旁边，装一个铁锤。另有一个电钥，用手指揿上，电线是接连了。电流忽断忽通，电磁石便忽现磁性，忽失磁性；现磁性时，吸引铁锤，失磁性时，铁锤弹出，铁锤于是不停地打铃了。

三、**电话机**　把电流接通以后，对着送话器说话，电流便依了声音的强弱，吸引对方受话器的铁片，传出同样的声音。

此外如电镀术、电铸术等，也都是利用电力的。近年来医学进步，利用电力来治病的也很多。

预防触电

不会用电的人，常常要碰到危险，就是触电。触了电，有时只是四肢麻木，心脏受刺激，有时竟会丧失生命。现在写几项预防触电的方法在下面：

1. 发电厂里的各种机件，不明白的人，不要去弄。

2. 屋外的电线，不要去碰着它。

3. 用手取电线时，不要站在地上。

4. 在电流流通时，不要拆开电钥来看。

5. 大雷雨时，不要在路上狂奔。

6. 大雷雨时，不要靠近墙壁，不要站在高树和电杆下。

机器的工作

　　人类一向用手拿着工具，制造物件，自从发明了机器，才把工具交给机器，命令机器去工作。

　　一般人看着一架精良的机器，常常会赞美说："机器真像一个铁铸的人。"

　　这句话说得不对。假如机器只和人一个样，人为什么要使用机器呢？机器比人强多了，做起工作来比人敏捷、准确、有力。

　　人只有两只手。但是机械可以如人的意，人要它有几只手就有几只手。

　　人不能同时拿两种工具。但是机械不要说两种，就是几十种也可以。

人不能同时做两件事情，一边拉锯，一边推刨，是谁也办不到的，但是机械办得到。

有一种自动车床，工人把铁棒装上去，机械就顺次做着工作。先是三把粗凿子把铁棒做成一根螺丝杆，接着三把细凿子修整螺丝纹；于是一把专做螺丝头的凿子把一头做成螺丝头，一把刻螺丝纹的凿子把另一头刻上螺丝纹。这就只剩最后一步工作了：一把切刀把做好了的螺丝杆从铁棒上切下来。这些动作都是很快的；我们在旁边看，眼睛总跟不上车床的动作。

有一台机器能使用九件工具，九件工具可以同时工作，没有一件停在那里休息。切刀把第一根螺丝杆切下来的时候，刻螺丝纹的凿子和专做螺丝头的凿子正做着第二根，细凿子正做着第三根，粗凿子正做着第四根。

一个人能够这样工作吗？

站在机器旁边的工人在干什么呢？他只须把铁棒装上机器，把做好了的螺丝杆从机器上取下来，收拾好。机器成了熟练的工人，工人反而像个助手了。不过究竟不同，因为那位熟练工人并没有意识，一切都得由当助手的人管理和指挥。